Orientação Sexual

ÊNIO BRITO PINTO

Orientação Sexual

COMO ENSINAR AOS JOVENS DIALOGANDO COM SUA RELIGIÃO

Editora
IDEIAS &
LETRAS

DIREÇÃO EDITORIAL:
Marlos Araújo

COMISSÃO EDITORIAL:
Avelino Grassi
Edvaldo Araújo
Fábio E.R. Silva
Márcio Fabri dos Anjos
Mauro Vilela

COPIDESQUE:
Ana Aline Guedes da Fonseca
de Brito Batista

REVISÃO:
Thiago Figueiredo Tacconi

DIAGRAMAÇÃO:
Érico Leon Amorina

CAPA:
Vinícius Abreu

© Ideias & Letras, 2015.

Rua Tanabi, 56 – Água Branca
Cep: 05002-010 – São Paulo/SP
(11) 3675-1319 (11) 3862-4831
Televendas: 0800 777 6004
vendas@ideiaseletras.com.br
www.ideiaseletras.com.br

Dados Internacionais de Catalogação na Publicação (CIP)
(Câmara Brasileira do Livro, SP, Brasil)

Orientação sexual: como ensinar sexualidade
aos jovens dialogando com sua religião /
Ênio Brito Pinto.
São Paulo-SP: Ideias & Letras, 2015.

ISBN 978-85-65893-76-3

1. Adolescentes - Comportamento sexual
2. Adolescentes - Fisiologia 3. Educação sexual
para adolescentes I. Título.

15-01898   CDD-613.95107

Índices para catálogo sistemático:

1. Jovens : Educação sexual 613.95107
2. Jovens : Orientação sexual 613.95107

SUMÁRIO

APRESENTAÇÃO DO TEMA – 7

CAPÍTULO 1 – 19

Sexualidade humana 22
Sexualidade e cultura 23
Educação sexual e cultura 26
Educação sexual hoje 28
Orientação sexual – a sexualidade na escola 34
Conhecimento e informação 35
Orientação sexual – alguns parâmetros 38
Pertinência e riscos 41
Onde 43
Para quem 46
A autonomia 52
Palestras 64
Conteúdos 66
O corpo humano 68
Relações de *gênero* 73
Prevenção de doenças sexualmente transmissíveis/Aids 81
Algumas questões práticas 83
Orientação sexual e a família do educando 93

CAPÍTULO 2 – 97

Sexualidade e religião 97
Educação sexual e religião 101
Orientação sexual e religião 108

CAPÍTULO 3 – 115

Religião, sexualidade, história 117
Religião, sexualidade, aberturas e fechamentos 123

Religião, orientação sexual, símbolos 130
Religião, orientação sexual, secularização 139
Secularização e sexualidade no Brasil 149
Religião, orientação sexual, ajustamento
criativo e antidependência 158

CAPÍTULO 4 – 167

O educador 168
O trabalho com os grupos 174

CONSIDERAÇÕES FINAIS – 183
REFERÊNCIAS BIBLIOGRÁFICAS E WEBGRAFIA – 193

APRESENTAÇÃO DO TEMA

As questões morais e religiosas que dizem respeito à nossa sexualidade devemos discuti-las sem receio.

Frei Beto

Depois de muitos anos trabalhando com a sexualidade e com a sexualidade dos jovens, após várias publicações sobre o trabalho com a sexualidade humana, especialmente a orientação sexual, me chamou a atenção o fato de as conversas entre sexualidade e religião e, mais especificamente, entre orientação sexual e religião serem tão pouco estudadas. Percorrendo os mais conhecidos livros que versam sobre o tema, conversando com colegas sobre o assunto, percebi que há muito mais silêncio que indagações acerca da influência dos valores religiosos no trabalho de orientação sexual. A partir daí foi inevitável imaginar que esse silêncio encobre múltiplas perguntas, esconde muitos não saberes, inquieta corações de educadores, religiosos, pais e alunos. Então, o desejo e a necessidade de estudar as implicações das posturas religiosas no trabalho de orientação sexual se tornaram imperativos.

Este livro foi uma forma de levar adiante o que, de desejo e necessidade, transformou-se em projeto. Ele traz uma análise que surgiu dessa necessidade de responder aos questionamentos sobre uma lacuna verificada nos estudos sobre a orientação sexual na escola, no que se refere ao encontro deste trabalho com o ideário religioso. Além de revisar alguns dos principais tópicos em orientação sexual, realizei também uma pesquisa em alguns dos mais importantes livros para adolescentes a respeito da sexualidade, a fim de verificar como eles lidam com a intersecção entre a religião e a sexualidade humana, para conferir como esses autores se referem à religião e aos fenômenos pertinentes à moral religiosa ao tratar da sexualidade adolescente. Procurei dar especial atenção às entrelinhas do discurso dos autores estudados. Acrescentei um tema que tenho trabalhado em aulas e cursos para educadores: como deve ser a postura do educador nas aulas de orientação sexual na escola? Reflito sobre os saberes necessários, as atitudes desejadas, dou dicas sobre os pontos mais importantes na condução de um grupo a partir do referencial da *gestalt-terapia.*

Pode-se afirmar que o diálogo entre a orientação sexual na escola e a religião é amplo e importante, devendo ser objeto de análises e de discussões para que não se torne uma área sombria do trabalho com a sexualidade na escola. Ao longo da elaboração deste estudo percebi a conexão existente entre a orientação sexual na escola e a religião. Além disso, levantei a necessidade de se inserir a religião e a moral religiosa como um dos tópicos a serem elaborados pelos alunos nessas aulas.

Verifiquei como a religião influencia o trabalho de orientação sexual na escola e como esse trabalho pode também influenciar os vários ideários religiosos. Dadas as imensas modificações sociais ocorridas principalmente após a segunda metade do século XX, vislumbra-se um incremento na necessidade de que o diálogo entre a orientação sexual na escola e a religião seja debatido e estudado da maneira mais clara possível, em prol de que a sexualidade adolescente seja fonte de mais autoconhecimento e de menos angústias.

De fato, principalmente a partir da segunda metade do século XX o comportamento sexual do ser humano vem se modificando de forma notória. O advento da pílula anticoncepcional, o novo alcance da publicidade, as mudanças na intimidade, o movimento feminista e tantas outras conquistas científicas e sociais tiveram enorme repercussão no comportamento humano e no exercício da sexualidade, exigindo novas maneiras de se abordar a sexualidade na adolescência. A orientação sexual é um dos instrumentos de que se dispõe nos dias de hoje para facilitar ao adolescente uma inserção social mais efetiva e mais plena de significados. Isso porque a importância de um posicionamento diante das questões relativas à sexualidade é, mais do que nunca, requisito fundamental para que o jovem se conheça e conheça seus limites e seu papel diante da sociedade humana.

É importante salientar que a sexualidade não se reduz aos órgãos genitais e nem ao ato sexual em si, mas é um fenômeno muito mais amplo, que abrange desde a genitália e o ato sexual, até, dentre outros, os papéis de gênero, o erotismo, a sensualidade e outras funções do corpo humano, influenciando assim, as relações entre as pessoas, o amor e a maneira como se constrói e se entende o mundo. Igualmente importante é notar que a sexualidade é em grande parte uma construção cultural, ou seja, a maneira de se viver e de se ver a sexualidade, bem como os valores a ela associados, dependem muito da cultura, com variações em diversos aspectos até mesmo dentro de uma única sociedade.

Embora o discurso sobre a sexualidade não seja novidade no contexto escolar, o trabalho com a orientação sexual é recente e ainda carente de novas pesquisas e de aprimoramento. Tal necessidade de ampliação do campo de conhecimentos relativos à orientação sexual tornou-se ainda mais premente por causa da inclusão, em 1997 pelo MEC, do trabalho de orientação sexual nos PCNs – Parâmetros Curriculares Nacionais – como um dos temas transversais nos currículos escolares.

Matéria obrigatória nos currículos, a orientação sexual ainda não tem, no Brasil, quantidade suficiente de profissionais devidamente habilitados para exercê-la de maneira sistemática, e apenas começa a discussão de seus pressupostos teóricos. Mesmo o nome que se deve dar ao trabalho não é consenso: alguns preferem a nomenclatura "educação sexual", ao passo que outros preferem definir o trabalho na escola como "orientação sexual". Nesse estudo utilizei a terminologia proposta por Marta Suplicy (1988), a qual designa a expressão "educação sexual" como relativa à moral sexual familiar e social com a qual a pessoa se depara desde o seu nascimento, e a expressão "orientação sexual" para o trabalho sistemático e formal com a sexualidade humana realizado na escola. Essa nomenclatura é também a adotada pelos PCNs.

Para os fins desse estudo, a distinção entre o que se chama de educação sexual e o que se chama de orientação sexual é básica. A educação sexual é um processo contínuo a qual todos estamos sujeitados e diz respeito, fundamentalmente, à maneira como a cultura trata a sexualidade humana. A orientação sexual é um trabalho sistemático, realizado preferencialmente em escolas, que abre para os jovens um lugar protegido no qual eles podem, com o acompanhamento de um adulto responsável, debater sobre a educação sexual recebida.

A educação sexual é feita pela família e por toda a sociedade e se dá antes mesmo da criança aprender os primeiros balbucios, e assim continua pela vida afora, através de palavras, gestos, atitudes dos que convivem de maneira emocionalmente significativa com a criança, com o jovem ou mesmo com o adulto. A educação sexual, em suma, é essa educação informal e perene feita no dia a dia que dá a base para que as pessoas adotem um referencial diante da sexualidade.

Dessa maneira, a educação sexual se dá a princípio através da família, depois através de todas as relações e instituições formais e não formais da sociedade, inclusive a própria escola, de forma que toda a sociedade participa da educação sexual, incluída aí a religião, qualquer que seja ela. Todas as religiões têm normas sobre a sexualidade e sobre o exercício da sexualidade pelos seres humanos – encontramos leis regendo a conduta sexual do ser humano nas religiões cristãs, no islamismo, no judaísmo, no budismo, enfim, em qualquer lugar onde o ser humano tenha ou pretenda ter um contato com o sagrado haverá leis que regulam e disciplinam a sexualidade humana. Essa presença da religião no processo de educação sexual já há muito tempo vem sendo estudada, quer seja por pessoas ligadas a uma religião, quer seja por pessoas que não têm nenhuma ligação formal com qualquer religião, a ponto de ser seguro afirmar que é raro o livro sobre sexualidade humana que não tenha algum comentário, para dizer o mínimo, sobre a intersecção entre a religião e a sexualidade. Já a presença da religião no processo de orientação sexual ainda precisa ser melhor estudada, e esse é um dos principais propósitos deste livro.

O trabalho de orientação sexual foi desenvolvido a partir do pressuposto de que o ser humano deve e pode escolher ou descobrir seus próprios valores, dentre os quais os ligados à sexualidade; assim, a orientação sexual é uma maneira de facilitar aos jovens a descoberta e a assunção de seus valores relativos à sexualidade. Esse trabalho se caracteriza por abrir um espaço na escola através do qual os jovens possam discutir suas dúvidas sobre o assunto, além de buscarem se posicionar valorativamente quanto à sexualidade. A orientação sexual pretende ser um trabalho que não se prenda apenas aos importantes aspectos informativos ou biológicos acerca do tema, mas também propicie aos jovens a possibilidade de debater os tabus, os preconceitos e a educação sexual de uma forma geral, buscando assim ampliar seus conhecimentos sobre a própria vida sexual e sobre a sexualidade.

A orientação sexual é obrigatória na grade curricular brasileira, dizem os PCNs, retirando a obrigação exclusiva de cuidar da sexualidade dos jovens do âmbito mais amplo sociofamiliar e dividindo-a mais explicitamente com a escola e os educadores. O que se procura é ampliar os espaços para a discussão de um tema que é básico na formação da identidade de cada pessoa da cultura ocidental, com a expectativa de que essa discussão possa facilitar aos jovens uma melhor construção da própria identidade e uma mais segura apropriação de seu espaço no mundo.

O fato de o trabalho de orientação sexual ser voltado para os adolescentes, encontra justificativa no fato de que a adolescência é um período de preparação para a vida adulta, quase que um treino para o que virá depois, embora não se deva perder de vista que o adolescente já é um ser sexualizado e consciente disso. A adolescência não é menos importante por ser assim, muito pelo contrário. É a preparação para a idade adulta, é o momento em que o ser humano pode assumir seus valores, tomá-los como seus e por eles se orientar, tarefa impossível anteriormente porque só a partir da adolescência a capacidade de abstração está disponível suficientemente.

A importância do trabalho de orientação sexual nas escolas nos dias de hoje é sobejamente reconhecida, principalmente porque se trata de um trabalho de cunho preventivo que vem ao encontro de muitas e atuais necessidades sociais. Dentre os temas ligados à sexualidade, existem dois que têm preocupado especialmente os educadores e os estudiosos da área: a Aids e a gravidez precoce (também chamada de gravidez inoportuna ou de gestação não planejada). Os números impressionam: por ano, segundo Vitiello (1999), são mais de 600.000 partos de adolescentes no Brasil; por ano são feitos, segundo estimativa da ONU, algo em torno de 500.000 abortamentos no Brasil, todos clandestinos e ilegais, uma vez que nossa legislação os proíbe. Com isso, podemos estimar que 1.100.000 adolescentes engravidam anualmente no Brasil. Pensando relativamente, a expectativa é de que uma em cada 17 adolescentes engravide nos próximos meses. Uma das causas de termos tantas gestações inoportunas em nosso meio é a falta de um trabalho regular de orientação sexual nas escolas.

O que se percebe é que, de maneira geral, os jovens e as jovens têm uma informação razoável sobre os métodos contraceptivos, pois a mídia tem divulgado esses métodos. Mas apenas a informação não basta, estão aí os números para provar. Falta um trabalho que propicie aos jovens um conhecimento mais abrangente de tais métodos de contracepção, e que também lhes propicie transformar as informações que têm em conhecimento, incorporando-as às suas vidas. Não se deve pensar que a orientação sexual na escola possa acabar com as gravidezes indesejadas, mas deve-se esperar que esse trabalho seja de grande ajuda para a redução dos impressionantes números que citei acima.

Além dessas preocupações de ordem higiênica, é importante lembrar que vivemos em uma cultura que traz uma moral sexual ditada de forma vertical para a sociedade através do Estado, da religião e/ou da mídia. Dentre esses valores morais sobre os quais a religião, a mídia e o Estado vão legislar, inevitavelmente existirão normas que serão assunto das aulas de orientação sexual.

Segundo os PCNs, a orientação sexual deverá ter três grandes blocos de conteúdo, a) corpo: matriz da sexualidade; b) relações de gênero; c) prevenção às doenças sexualmente transmissíveis/Aids. Esses assuntos são também tema de códigos morais religiosos, de maneira que me pareceu ser inevitável um diálogo.

Julgo importante que se leve em conta que a religiosidade é fenômeno estruturante do ser humano, independentemente de a pessoa afiliar-se ou não a uma instituição religiosa. Isso faz pensar na importância que os diversos posicionamentos morais religiosos têm, uma importância que não pode mais ser ignorada ou evitada pelos teóricos da orientação sexual. No entanto, é fácil encontrar um certo preconceito – para não dizer repúdio – quanto à religião entre os autores que se dedicaram à orientação sexual, bem como no meio científico em geral.

Historicamente, a área da sexualidade humana é uma das que mais questionamentos sofreram, com enormes mudanças de atitudes e de comportamentos aceitos socialmente ao longo da trajetória da humanidade. É antiga e existe até hoje a interface entre as religiões e a sexualidade humana. Essa interface está presente principalmente na questão dos valores que deverão orientar o ser humano em sua relação com o mundo e com os outros seres humanos. Por causa disso, a orientação sexual faz aproximações com a religião, uma vez que a orientação sexual tem como uma de suas mais importantes metas abordar os diversos pontos de vista, valores e crenças existentes na sociedade para auxiliar o aluno a encontrar um ponto próprio de referência através da reflexão.

Dentre os inúmeros problemas com os quais se deparam os educadores quando pretendem desenvolver a orientação sexual, um de especial importância e relativamente negligenciado nos livros sobre o assunto, é o que trata das relações entre a religião (ou a religiosidade) e o trabalho de orientação sexual. O que se percebe é que falta um diálogo mais aprofundado entre o trabalho com a sexualidade dos jovens na escola e a religião (ou as religiões) que encontramos, orientando a postura desses jovens, de suas famílias e até mesmo do professor. Os limites encontrados para esse diálogo precisam ser discutidos e refletidos para que se consiga uma qualidade cada vez melhor no trabalho de orientação sexual.

Um estudo acerca desse inevitável diálogo entre a orientação sexual e a religião traz —acredito — melhores possibilidades de que esse diálogo seja enriquecedor para ambas as partes. Atualmente a religião é considerada seriamente apenas nos casos extremos em que fica claramente explicitada alguma discordância importante entre a postura religiosa e o trabalho de orientação sexual. Há mais o que se olhar. Existem as situações em que os valores discutidos em aula entram em choque com dogmas religiosos familiares. Há também valores religiosos que são aceitos sem que nem mesmo as pessoas se deem conta de que são valores de origem religiosa. Como a orientação sexual lida com essas questões em sala de aula? Como influencia o trabalho de orientação sexual o fato de diversas religiões — muitas vezes setores de uma mesma religião — terem parâmetros que não são homogêneos no tocante às normas sobre a sexualidade de seus fiéis? Como essas, há muitas questões cercando o possível diálogo entre a orientação sexual na escola e a religião. Neste livro abordo algumas delas, sem perder de vista que não existe a possibilidade de um trabalho de orientação sexual isento de valores pessoais dos educadores, como, de resto, não existe a possibilidade de uma pedagogia isenta de valores, pois, como lembra Morin (2000, p. 25) "os indivíduos conhecem, pensam e agem segundo paradigmas inscritos culturalmente neles".

Aqui encontramos as duas questões básicas deste livro: é possível existir um trabalho de orientação sexual que seja isento das concepções religiosas sobre a sexualidade? Se não é possível, como se dá a inter-relação entre a atividade com orientação sexual e as concepções religiosas sobre sexualidade?

Penso que é preciso verificar quais são os limites sociais colocados hoje em dia à sexualidade humana e qual é o papel da religião nesse aspecto. Ao meu modo de ver, a religião continua com o papel de oferecer limites à sexualidade humana, dividindo, é verdade, o espaço com outras bases morais, especialmente a medicina e a economia, mas não há como negar a influência e a importância da religião no tocante a esse problema.

Foi a partir do pressuposto básico da *gestalt-pedagogia* de que "não existem ciência, teorias ou pedagogia isentas de valores" (Burow, 1985, p. 107) que surgiu o propósito central para esse estudo: esclarecer se e como inter-relacionam o trabalho com orientação sexual e as concepções religiosas sobre a sexualidade. Fundamentalmente, minha pretensão é clarear, através do aprofundamento desse diálogo tão pouco explorado entre a orientação sexual e a religião, uma situação que na prática surte efeitos importantes para o trabalho com a sexualidade humana nas escolas.

Acredito que possa, através da análise cuidadosa que me propus a fazer, facilitar para os educadores a realização de sua função de maneira mais útil socialmente e mais pertinente aos propósitos da boa educação.

Esclareço desde já que não se trata aqui de buscar uma linha teórica que procure justificar que a orientação sexual deva se guiar mais pelos princípios religiosos, ou que se proponha uma ideologia cristã ou religiosa para a orientação sexual. O propósito deste livro foi discutir como se dá o diálogo entre a orientação sexual e a religião nas escolas brasileiras a partir de teóricos brasileiros que embasam a prática dos educadores em sala de aula.

Parece-me importante explicitar de qual perspectiva faço minhas considerações. Sou psicólogo e *gestalt-terapeuta*, de maneira que, se o pensar gestáltico não está explícito em todas as linhas deste livro, ele preenche cada entrelinha das considerações que faço. De fato, acredito que ao abraçarmos uma corrente teórica em psicologia, abraçamos também uma visão de mundo e de ser humano, e é fundamentado na visão de mundo da *gestalt-terapia* que desenvolvo as considerações que seguem. Para essa visão de mundo, como já escrevi em outro trabalho, o homem é, antes de mais nada, um ser em relação; é um homem de busca, um ser que se indaga e que indaga o mundo à procura de significação. O homem gestáltico é corporal, é um organismo circunscrito por um corpo, capaz de se abrir para um verdadeiro encontro com o outro. Para a *gestalt-terapia*, esse homem se integra na melhor configuração que pode a cada momento. Fundamentalmente, esse homem é um todo, diferente da soma de suas partes, o que não quer dizer que se deva negligenciar o estudo de suas infinitas facetas.

Uma das facetas humanas que é pouco estudada pela *gestalt-terapia* é a sexualidade; outra é a religiosidade. Minha intenção aqui é também ampliar os estudos gestálticos sobre esses aspectos fundamentais do ser humano.

Quanto à sexualidade, há pouco material desenvolvido na *gestalt-terapia*, com exceção das questões mais explicitamente ligadas aos gêneros. Perls e seus seguidores não deram, em seus trabalhos teóricos, a importância que a sexualidade humana merece. No que diz respeito à religião e à religiosidade, nos últimos anos tem crescido o número de trabalhos gestálticos, especialmente através de dissertações e teses.

No capítulo final deste livro discuto algumas atitudes e posturas que são esperadas para que um educador possa desenvolver um bom trabalho em orientação sexual na escola. Ao auxiliar os jovens na tarefa de apropriação de sua sexualidade não se pode perder de vista que eles são jovens, que eles estão se desenvolvendo e em busca de seu caminho. O educador não pode esperar que o adolescente já tenha um caminho, da mesma maneira que não pode ter a pretensão de indicar ou de dar um caminho para os jovens. A proposta da orientação sexual na escola é essencialmente heurística. A orientação sexual é uma atividade pedagógica, uma arte de ensinar pela condução à reflexão, pela condução à possibilidade de se pensar com autonomia, à possibilidade de buscar novas fronteiras pessoais e novas maneiras de atuar criativamente diante da realidade.

Para atingir a finalidade que propus, prestei especial atenção ao ângulo do olhar e aos valores que estão em jogo na relação sexualidade-religião nos diálogos propiciados pela orientação sexual. Penso que não é possível uma atividade em orientação sexual apenas científica, inteiramente secularizada ou profana, que seja independente das concepções religiosas sobre a sexualidade. Acredito que seja possível demonstrar que a religião faz parte do trabalho de orientação sexual de maneira implícita. Em outros termos, o que procuro aqui é verificar que na prática há inter-relação entre o trabalho de orientação sexual e concepções religiosas, há um encontro não confessado entre a orientação sexual e a religião. Trazer isso à tona, discutir claramente a possibilidade desse diálogo, é espantar fantasmas e humanizar mais ainda o trabalho de orientação sexual na escola.

CAPÍTULO 1

> *A sexualidade, enquanto possibilidade e caminho de alongamento de nós mesmos, de produção de vida e de existência, de gozo e de boniteza, exige de nós essa volta crítico-amorosa, essa busca de saber do nosso corpo.*
>
> Paulo Freire

Neste capítulo defino o que entendo por educação sexual, além de delimitar o mais claramente possível o que é a sexualidade humana, a qual será entendida como algo para além do ato sexual. Verifico também o papel da cultura diante da sexualidade humana e da educação sexual, além de apresentar os principais aspectos em nossos dias.

A vivência da sexualidade é um dos pontos centrais na identidade do ser humano em nossa cultura judaico-cristã, a ponto de se poder afirmar que a identidade social de cada pessoa começa pela definição do sexo a que pertence, o qual vai determinar, dentre tantas outras coisas, o nome a ser escolhido para o recém-nascido e a maioria das expectativas sociais e familiares quanto ao modo de ser e de agir da pessoa. Grande parte da educação à qual todas as pessoas são sujeitadas desde o nascimento também se baseia na sexualidade, matriz dos cuidados corporais e das relações de gênero, além de fundamento, na atual cultura ocidental, da busca do amor e do contato mais pleno com o outro.

A vivência da sexualidade tem duas bases, uma biológica e outra cultural. É da ordem da base biológica o fato de os seres humanos nascerem machos ou fêmeas, homens ou mulheres. É da ordem da base cultural tornarem-se masculinos e femininos, e a maneira como viverão e expressarão essa masculinidade e essa feminilidade. É da ordem do entrecruzamento dessas duas dimensões, a biológica e a cultural, que a identidade sexual de cada pessoa será construída no decorrer de sua existência.

Mesmo sendo inevitavelmente um ser sexual, o ser humano estará, desde o princípio de sua vida, sujeitado a uma educação que influenciará a maneira como ele viverá e expressará sua sexualidade. A religião tem um papel relevante nessa educação.

A base da educação sexual está em casa e em toda a nossa sociedade. A educação sexual se dá antes mesmo da criança aprender os primeiros balbucios e continua pela vida afora, através de palavras, gestos, atitudes dos que convivem com a criança. A educação sexual é essa educação feita no dia a dia pela família e pela sociedade que dará a fundamentação para que as pessoas adotem um referencial diante da sexualidade. Essa educação que é fruto do dia a dia é o mais importante fundamento para que cada pessoa adote uma postura frente à sexualidade e suas questões.

Os valores familiares – progressistas, conservadores ou entre estes extremos –, a existência ou não de uma crença religiosa e a maneira como essa crença se manifesta, o jeito como as pessoas se relacionam na família são influências enormes e fundamentais na educação sexual, pois é do espaço doméstico e íntimo que a criança recebe com maior poder de formação as noções a partir das quais constrói e expressa sua sexualidade.

A educação sexual é informal e possibilita a incorporação de valores, símbolos, conceitos, preconceitos e ideologias. É função principalmente da família, mas compete também à sociedade como um todo, na medida que a família está imersa no todo social. É a partir do contato com os pais e familiares, e da sua consequente inserção social que a criança desenvolverá a capacidade amorosa e a capacidade erótica que a acompanharão durante sua vida. A educação sexual ocorrerá no contato cotidiano da criança com os pais e será influenciada e transformada (ou não) pelas outras experiências da vida. As atitudes – conscientes ou não, verbais ou não – dos pais diante da sexualidade, serão as influências mais importantes que a criança terá para elaborar sua vida sexual. Por exemplo, se a mãe é capaz de se aproximar fisicamente de sua criança e de tocá-la com a delicadeza e a firmeza suficientemente amorosas, abrirá para ela a possibilidade de desenvolver a capacidade do prazer físico e da intimidade afetiva com outros seres humanos.

Quando se fala em elaborar a vida sexual, imediatamente se coloca uma pergunta que me parece importante: sexualidade se aprende?

Fundamentalmente, a criança tem duas bases através das quais desenvolve sua personalidade, uma relacional e outra corporal. Quanto ao aspecto relacional, é graças à relação com a mãe e com o ambiente que o cerca que o bebê é moldado pela cultura na qual nasceu, uma cultura cujos valores e linguagens influenciam de maneira decisiva, embora não determinem, o desenvolvimento da criança. Quanto ao aspecto corporal, ele abarca as questões hereditárias e inclui uma tendência inata ao autodesenvolvimento e ao crescimento, uma tendência que cada um de nós tem de ser a cada momento a melhor configuração que pode. Essa tendência ao crescimento é também chamada de *automorfismo* (Neumann, 1995), ou seja, uma tendência que cada um tem de formar o próprio e único ser a partir de suas particularidades, em constante relação com a cultura na qual se está imerso, através de constantes ajustamentos criativos por meio dos quais influenciamos a cultura e somos por ela influenciados.

O que se pode depreender dessas afirmações é que o ser humano não nasce pronto, mas, antes, vai sofrer a ação e a influência da cultura na formação de sua personalidade. Essa influência da cultura se dá principalmente através dos processos educacionais aos quais está sujeitada essa pessoa durante toda a sua vida, processos educacionais que não são somente aqueles executados nas escolas, mas também – e até principalmente – aqueles que são efetivados na família e nos demais ambientes sociais que as pessoas frequentam. Esses processos educacionais aos quais me refiro influem na maneira de se vivenciar e de se expressar a sexualidade, influenciando até mesmo a definição e a delimitação do que se pode entender como o fenômeno da sexualidade humana.

SEXUALIDADE HUMANA

Quero nesse momento definir melhor a que estou me referindo quando trato da sexualidade humana, pois se o sexo, enquanto termo e realidade, está na imensidão dos tempos, a palavra "sexualidade" é recente. Em português, ela só vem registrada em dicionários a partir de 1890. Sua história em outras línguas remonta ao princípio do século XIX. No idioma espanhol, segundo Martínez e Pascual (1998, p. 57), a palavra foi introduzida em maio de 1974. Essa é uma das causas da dificuldade que temos para fazer uma ideia exata e clara do que ela significa, de modo que normalmente confundimos sexualidade com sexo.

De fato, há ainda uma dificuldade na sociedade ocidental para a compreensão do que seja a sexualidade, pois a maioria das pessoas trata ambas as palavras como se fossem sinônimas. Sexo e sexualidade são diferentes, têm significados diferentes. Sexualidade, fenômeno inerente ao ser humano, está presente em todos os atos da vida. É um fundamento básico da personalidade que possibilita à pessoa maneiras particulares e individuais de existir, se comunicar, viver e se expressar. Sexualidade é identidade, é fenômeno muito mais amplo que o sexo e o inclui. Em outros termos, sexo tem a ver com o fato de sermos macho ou fêmea e com o conjunto dos órgãos reprodutores, além de significar também o ato sexual propriamente dito; sexualidade é um conjunto de fenômenos que são ligados ao sexo e que o extrapolam: masculinidade e feminilidade, erotismo, sensualidade, afetos, posturas e valores. Em suma, sexualidade é a miríade de sentimentos, sensações e comportamentos que associamos ao sexo.

Ao falar sobre a sexualidade humana, não tratarei apenas dos aspectos biológicos da sexualidade – eles existem e são importantes, não há dúvidas, mas são apenas parte da sexualidade e não o seu todo. O comportamento sexual instintivo é próprio de cada espécie, mas para nós humanos, ele vem sofrendo adaptações culturais de tal maneira que não é possível mais dizer qual seria o comportamento sexual das pessoas se pudessem voltar ao tempo do puro instinto. Regras culturais, vestimentas, cosméticos, adornos, são alguns dos tantos elementos artificiais que o ser humano foi criando e que acabaram por proporcionar uma ampliação no conceito de sexo humano.

A sexualidade humana é mais ampla que o puramente instintual e não se limita apenas na busca de um parceiro e nem se reduz à união dos órgãos genitais no coito. A sexualidade humana é recheada de símbolos que mobilizam o desejo e são por ele mobilizados. Ela não se limita aos órgãos sexuais, mas todo o corpo humano é sexualizado, ainda que se privilegie, no ato sexual, os órgãos genitais. Além disso, não podemos esquecer que a satisfação sexual humana pode ser obtida sem a união genital.

Dessa forma, quando se fala em sexualidade, nunca é demais frisar, é importante que se tenha bem claro que se está lidando com um conceito amplo, pois se todos os fenômenos genitais são sexuais, há uma série de fenômenos sexuais que não têm nada a ver com o genital. Ou seja, somos seres em relação. Mais do que isso: somos seres amorosos e carentes de amor. Somos seres sexualizados, amorosos e sociais. Imersos inexoravelmente em um meio no qual exercemos a nossa sexualidade. Sexualidade que é apenas uma parte de nossa identidade, uma parte importante de nossa identidade. Somos seres sexuais – nossa vida depende disso –, desde antes de nascermos, pelo menos até morrermos. A sexualidade humana é fundamentalmente cultural. É educável e educada – em nossa cultura mal-educada –, a ponto de exigir providências pedagógicas, tantas que a sexualidade acabou virando questão escolar.

SEXUALIDADE E CULTURA

Como exemplo de fenômenos sexuais que não têm relação direta com a genitalidade, uma das características mais importantes da sexualidade, a que diz respeito aos gêneros, é fundamentalmente cultural, como demonstraram, por exemplo, as pesquisas realizadas por Margareth Mead. Ao estudar três culturas diferentes, ela encontrou em cada uma delas um padrão para os papéis de gênero, sendo que em duas dessas culturas não havia a diferenciação de comportamentos pelo sexo. Assim é que, em uma delas, homens e mulheres são educados para um tipo de temperamento que nossa cultura caracterizaria como tipicamente feminino, ao passo em que, na outra, a educação se dá no sentido de que as pessoas tenham um temperamento do tipo que classificaríamos como tipicamente masculino. A terceira cultura tem uma educação sexual praticamente oposta à nossa: as mulheres são educadas para o poder e a capacidade de decidir, enquanto que os homens são educados para a docilidade e o cuidado com as crianças (Chaui, 1990, p. 26).

O homem e o meio. A vivência da sexualidade depende da cultura, depende do meio. E isso é básico para podermos lidar com a sexualidade de nossos jovens de maneira empática e compreensiva: o indivíduo nasce imerso em uma cultura e em um meio ambiente. A sexualidade que se exerce no litoral é diferente da sexualidade que se exerce na serra. A sexualidade do paulista é diferente da sexualidade do baiano.

Parece-me que nesse momento é importante clarear o que chamo de natural e o que chamo de cultural. Aprendi com antropólogos que devemos chamar de natural apenas o que não depende da tradição social, o que não é comportamento aprendido, aquilo que vai além do domínio das normas, dos hábitos, dos costumes; enfim, tudo que não é peculiar a algum grupo social específico. Em contrapartida, podemos chamar de cultural tudo o que é particular a determinada sociedade e depende de suas leis, costumes, de sua época e suas peculiaridades.

A própria concepção de natureza humana é variável culturalmente. Muitos dos comportamentos que costumamos associar à natureza humana são comportamentos aprendidos, que melhor seriam chamados como condição cultural humana. Conceitos fundamentais, como os de "masculinidade" e "feminilidade", por exemplo, são classificados pela antropologia como capazes de variar enormemente de uma cultura para outra. Dessa forma, a pessoa que o processo educacional se propõe a desenvolver é a pessoa que a sociedade espera encontrar, independentemente das questões naturais, o que quer dizer que cada sociedade determina normas para o relacionamento de homens e mulheres, ou seja, por extensão, normas para a sexualidade. Essas normas e valores (e também os símbolos) podem variar de cultura para cultura, não se pode acreditar que as postulações de nenhuma cultura são absolutas e universais.

Para Castells (1999, p. 33), as sociedades são organizadas em processos estruturados por relações historicamente determinadas de *produção, experiência* e *poder*, sendo a experiência a ação dos sujeitos humanos sobre si mesmos, a qual é determinada pela interação desses sujeitos em relação a seus ambientes sociais e naturais; estruturam também a experiência, as relações entre os sexos, caracterizadas, na cultura ocidental, pela dominação do homem sobre a mulher e pela organização em torno da ideia de família, ou seja, "as relações familiares e a sexualidade estruturam a personalidade e moldam a interação simbólica".

Corroborando essas ideias, devemos lembrar que a grande variedade de comportamentos "masculinos" e "femininos" é sinal de que há padrões culturais das sociedades como berço desses valores tão diferenciados. Em nossa cultura, por exemplo, a preservação dos valores é garantida através de uma educação que geralmente determina quais comportamentos sociais e individuais esperar de um homem ou de uma mulher, não raro tratando as mulheres como frágeis e os homens como fortes e decididos, negando as diferenças individuais.

Então, sintetizando o que foi visto até aqui, pode-se dizer que a sexualidade humana tem necessariamente uma configuração cultural e social, ou, em outros termos, que a instância histórico-sociocultural é um elemento integrante e determinante do fenômeno sexual humano.

EDUCAÇÃO SEXUAL E CULTURA

É exatamente por causa da instância sociocultural da sexualidade humana que se pode dizer que existe uma educação sexual a qual os seres humanos estarão submetidos desde antes mesmo de seu nascimento. Não podemos nos esquecer de que a sexualidade humana é um fenômeno extremamente maleável e educável que pode ser orientado para uma direção ou outra, conforme as condições culturais em que se encontre, pois cada cultura em cada época dá à sexualidade valores e significados diferenciados.

Se cada cultura dá à sexualidade valores e interpretações distintos, cada cultura fará a educação sexual de uma determinada maneira, a partir desses valores e dessas interpretações. Além disso, a educação sexual é uma parte da educação que busca propiciar a inserção da pessoa na sociedade a qual pertence, pois muito provavelmente em nenhuma sociedade conhecida a criança é considerada um membro pleno da sociedade apenas por causa de seu nascimento: há procedimentos simbólicos que visam incorporar o recém-nascido à cultura e lhe dar um lugar particular no sistema social. São rituais (a maioria de origem religiosa) que têm como função promover a transição da criança do estado de natureza para o estado de cultura.

Bauman dá uma ideia da importância dessa transição ao afirmar que se o ser humano pode achar sua posição dentro de um ambiente natural e sociocultural é porque existe o que Alfred Schütz chama de "fundo de conhecimentos à mão", um número enorme de produtos de uma pré-seleção e de uma pré-interpretação de construtos de senso comum da realidade da vida diária. Bauman completa, afirmando que, por ingressarmos, quando nascemos, em um mundo preexistente e que tem sentidos e significações preexistentes, lidamos com um mundo no qual uma enorme quantidade de aspectos são vividos como óbvios, praticamente não se tornando conscientemente percebidos ou mesmo exigindo esforço ativo para decifrá-los. Esses aspectos do mundo que nos são dados se tornam presentes em tudo o que fazemos, sendo concebidos como a realidade.

No que diz respeito à sexualidade humana, essa inserção em um mundo pré-fabricado, e a consequente aquisição do "fundo de conhecimentos à mão", é feita principalmente através da família, como já vimos, mas é importante ressaltar que muitos outros agentes sociais e milhares de estímulos farão parte desse processo. Todas as pessoas (e, de modo semelhante, todas as instituições) com quem convivemos — independentemente da idade, algumas com mais força e poder de influência que outras — ao exercerem sua sexualidade sugerem comportamentos, transmitem ideias, tabus, conceitos e preconceitos que se incorporam à educação sexual que vai sendo construída socialmente.

Nessa transmissão de um conjunto de valores, é importante lembrar que aquilo que efetivamente se faz e aquilo que se omite têm praticamente o mesmo valor no que diz respeito à educação sexual. Em outros termos, o que quero dizer é que os silêncios (e os embaraços) são tão importantes na educação sexual quanto os discursos explícitos. Aquele professor ou aquela professora que evita a todo custo tratar em suas aulas de temas ligados à sexualidade humana também está fazendo uma educação sexual – está ensinando a seus alunos que esses assuntos devem ficar sempre escondidos pelo manto do medo e da ignorância, ao abrigo da luz da curiosidade, fermentando preconceitos, dores e sofrimentos.

No que podemos entender quase como que uma síntese do que vimos até aqui, é interessante lembrar que os valores relativos à sexualidade são descobertos ou formulados da mesma maneira que os valores que nos orientam em outros campos da vida. Desenvolvemos esses valores na convivência com a família, com as outras pessoas, com a natureza, com as instituições sociais, com as artes, com a mídia. É dessas e de inúmeras outras convivências, nem todas agradáveis, nem todas escolhidas, que extraímos subsídios que, integrados à nossa disposição interna, nos possibilitarão articular nossas ideias, crenças e opiniões mais importantes a respeito do certo e do errado, do bem e do mal, positivo e negativo, desejável e repulsivo, normal e anormal, saudável e doentio, prazeroso e desagradável.

EDUCAÇÃO SEXUAL HOJE

Uma vez que já delimitei o que é a educação sexual, parece-me lógico que possamos agora verificar como ela é feita nos dias de hoje em nossa cultura ocidental. Isso quer dizer verificar como têm reagido a família, as organizações sociais, a mídia, a sociedade, enfim, a tantas mudanças pelas quais a sexualidade humana vem passando. Para tanto é importante lembrar que, principalmente desde a segunda metade do século XX, a vivência da sexualidade humana tem sofrido influências enormes das conquistas científicas e sociais que o ser humano tem alcançado. As mudanças provocadas por essas conquistas interferem claramente na educação sexual. Mais adiante, ao analisar o papel da religião e da religiosidade nesse processo de educação sexual, poderei também questionar como essas conquistas influenciam esse papel.

Principalmente a partir da segunda metade do século XX, o comportamento sexual do ser humano vem se modificando de forma notória. O advento da pílula anticoncepcional, o movimento feminista e tantas outras conquistas científicas e sociais tiveram enorme repercussão no comportamento humano e no exercício da sexualidade humana. Muito mais importante que julgar essas mudanças culturais ocorridas no exercício da sexualidade humana, é verificar que elas existem e têm influência na educação sexual que se propicia às pessoas. Independentemente do fato de algumas dessas mudanças propiciarem uma maior autonomia a alguns e a outros não, independentemente do fato de algumas dessas mudanças facilitarem o encontro, a compreensão e a solidariedade entre as pessoas e os gêneros, e outras não, ou do fato de algumas dessas mudanças serem mais aceitas socialmente que outras, o que se observa é que elas trouxeram e trazem mudanças na maneira de se educar as pessoas quanto à sexualidade. E também não é difícil observar que essas mudanças no modo de se educar a sexualidade têm trazido muitas dificuldades para pais e educadores, principalmente porque, como facilmente podemos perceber, não temos hoje o que se poderia chamar de um "padrão social sexual", pois tantas são as alternativas comportamentais de que se dispõe no Ocidente.

De certa maneira, passamos de uma negação a uma afirmação do sexo, o que acarreta a necessidade de que se revejam os valores sexuais básicos e que se busquem valores que nos orientem. Essa revisão dos antigos valores e a busca de novos é um processo certamente difícil; como se não bastasse, esse processo atualmente está empobrecido por uma tendência a se negar a devida importância aos aspectos emocionais do contato entre as pessoas, ao mesmo tempo em que há uma ênfase, notadamente através da publicidade, em um culto narcísico ao corpo como objeto e meio de consumo.

É quase que uma unanimidade, entre os estudiosos da sexualidade humana, um tom mais crítico que aceitador das mudanças que acontecem no processo de educação sexual atualmente. Essas críticas, à maneira como é conduzida a educação sexual hoje em dia, trazem de fundo uma utopia sobre como esse processo deveria ser conduzido (mais adiante falarei mais sobre isso, mas quero já ressaltar a existência desse projeto de educação que não vem claramente explicitado na postura crítica que estou levantando). Dentro dessa postura crítica quanto à educação sexual de nossos dias, são vários os alertas (pertinentes, aliás) de que a publicidade induz a um modelo de sexualidade baseado apenas nos aspectos físicos e econômicos, induzindo muito mais a competição que a cooperação, ao mesmo tempo em que converte o sexual em algo mecânico e distante da afetividade. Nesse sentido, o que se faz com a sexualidade é bastante parecido com o que se fez com o movimento *hippie* anos atrás: as grandes empresas manipularam os símbolos do movimento e os industrializaram, fazendo, por exemplo, com que as vestimentas *hippies* se tornassem moda e passassem a ser usadas por todo mundo – independentemente de qualquer filiação ou simpatia pelos ideais defendidos no movimento –, o que acabou por gerar um certo esvaziamento desses ideais. Com a sexualidade se dá um fenômeno parecido, ou seja, há uma exploração de uma utopia que é mutilada e transformada em negócio. O sexo, toda a sexualidade, vira meio de faturamento, não mais meio de relacionamento.

Poucas coisas têm tratamento tão conflituoso em nossa sociedade como a questão da sexualidade. Vivemos uma educação sexual que traz o risco de que os jovens acabem por entender que eles não são mais que objetos, distantes, muito distantes de serem sujeitos. A beleza que interessa para nossa sociedade narcisista é a beleza apenas das formas, da aparência, uma beleza que faz das pessoas objetos a serem admirados, usados e descartados. Isso gera relações baseadas em um poder sobre a outra pessoa, relações de objeto a objeto, dificultando que as pessoas desenvolvam verdadeiramente a possibilidade de se tornarem sujeitos responsáveis por si mesmos e pelo mundo que constroem, um mundo a cada dia mais devastado, habitado por pessoas cada vez mais distantes da natureza e, por consequência, mais distantes de si mesmas e do afeto. O outro vai deixando de ser ator no filme de nossas vidas, passando a ser apenas e tão somente o figurante de um filme no qual a solidão domina todo o roteiro. Pouco a pouco a humanidade vai perdendo a noção de que lidar com o outro exige cuidado, de que cuidar do outro é também medida do cuidar de si mesmo.

A cultura como um todo, e não apenas através da mídia, ao influenciar seus membros, acaba por gerar pressões sobre cada indivíduo. Por exemplo, se há algum tempo os jovens (principalmente as moças) eram pressionados(as) a se manterem virgens até o casamento, hoje há uma pressão contrária, igualmente prejudicial ao desenvolvimento da autonomia, no sentido de que tenham relações sexuais o mais cedo possível, induzindo alguns jovens a iniciarem a vida sexual sem o devido amadurecimento.

Ressalve-se que essa pressão pela precocidade não parte apenas dos colegas, mas vem também através da imprensa e de alguns pais que querem resolver vicariamente seus problemas e suas frustrações sexuais. Nesse tipo de pressão, assim como na base do narcisismo vigente hoje na sexualidade globalizada, há uma ênfase no desempenho, com nítidos e notáveis prejuízos para os aspectos emocionais da sexualidade, como já comentei em outro livro.

Não podemos, além disso, esquecer que, em nossos tempos, o ser jovem tornou-se polo de atração e de referência para todas as idades, com implicações no desenvolvimento da moda, na maneira de se cuidar do corpo, na cosmética, enfim, na definição do que é ou deve ser atraente sexualmente. Como consequência disso, não é raro encontrar hoje pessoas com pouca espontaneidade e sempre insatisfeitas consigo mesmas, sempre prontas a achar no próprio corpo algum defeito, sempre receosas de serem rejeitadas por causa desse defeito. Um pouquinho de celulite aqui ou ali, um nariz que não é exatamente divino, um começo de calvície, uma veiazinha aparente nas mãos, e lá vai embora a autoestima e, com ela, a alegria.

Tudo isso acaba por gerar uma certa objetificação, ou seja, as pessoas passam a lidar com o próprio corpo como se ele fosse um objeto, algo que se possui e de que se pode dispor ao bel-prazer, algo a ser construído através de cirurgias ou de técnicas modeladoras. Trata-se quase que de uma divisão que induz à prática do sexo sem afeto, do sexo pelo sexo, transformando cada parceiro apenas no local de descarga da energia sexual do outro. Há hoje um certo exagero na ênfase no desempenho sexual, em detrimento dos aspectos emocionais ligados à sexualidade humana. De certa maneira, corre-se o risco de confundir liberdade sexual com promiscuidade, ao mesmo tempo em que se pode confundir informações sobre a sexualidade com instruções sobre as incontáveis práticas sexuais.

Se me relaciono com o outro como se ele fosse um objeto, é bem provável que também comigo eu me relacione como se eu fosse um objeto; se me relaciono com o outro vendo nele um sujeito, também a mim poderei ver como um sujeito. E isso faz a maior diferença em termos de qualidade de vida e qualidade da vida sexual. Somente sujeitos podem compartilhar a intimidade, pois ela não é prerrogativa de objetos, uma vez que a intimidade com o outro é um dos caminhos por onde a beleza e o trágico da vida mais vigorosamente gostam de se manifestar.

Em outros termos, pode-se dizer que a ideologia da atual sociedade ocidental busca mecanizar a sexualidade como forma de transformar o ser humano em máquina, portanto, um ser sem autonomia, sem liberdade, sem poesia. Uma vez transformado o exercício da sexualidade em atividade completamente isenta de arte, está aberta a porta para uma manipulação e massificação do desejo humano. O bom passa a se desejar o que todo mundo deseja.

Há, no entanto, resistências. Por exemplo, a descoberta, em um estudo qualitativo sobre a sexualidade em três gerações de mulheres (Ubeda; Carvalho; Gomes, 2000, p. 246), quando se percebeu que, comparativamente ao discurso de suas mães e de suas avós, as adolescentes traziam a moralidade relativa à sexualidade muito mais em torno do afeto que em relação a preceitos previamente entendidos.

Esse dado é extremamente auspicioso, uma vez que mostra uma brecha naquele que é o mais explicitado fundamento da vida social de nossos tempos, qual seja, o de que nossa cultura é narcisista, portanto insensível ao afeto, à morte e à insuficiência humana. Mais preocupadas com o afeto, provavelmente as jovens denunciam uma possibilidade maior de se lidar de maneira mais livre com a sexualidade, pois o engano de nossa cultura (um engano grave) é acreditar que a pessoa livre é aquela que não tem vínculos emocionais. Na realidade, não ter vínculos emocionais, não nos importarmos com o mundo e com as pessoas, é de uma insanidade sem par, além de ser a mais sutil e capciosa forma de aprisionamento, o aprisionamento no vazio infértil.

Mas será só isso? Será que com os tantos avanços da ciência e com tantas mudanças no comportamento humano nas últimas décadas, tudo o que se alcançou foi uma piora na educação sexual? Certamente, não. Martínez e Pascual (1998, p. 29), por exemplo, chamam a atenção também para as conquistas que facilitam a vivência da sexualidade humana, especialmente quando apontam a evolução de uma sexualidade "em mim" para uma sexualidade "minha", o que significa a passagem de uma subordinação a uma realidade biológica a uma realidade pessoal (minha), a qual se vai integrando na lida com ideais culturais, sociais, religiosos e pessoais.

Ao passar da sexualidade "em mim" para a "minha" sexualidade, o que se está fazendo é uma percepção da existência de uma dimensão psicológica individual, algo relativamente recente na história da humanidade, e que deriva da introdução da liberdade como valor após a Revolução Industrial. Até então, a busca era, no máximo, pela felicidade, uma vez que cada pessoa sabia, desde o nascimento a que se destinava: o filho de um agricultor seria agricultor, o filho de um artesão seria artesão, o filho de um nobre seria um nobre, ou seja, a mobilidade social era praticamente nula, a vida era regulada por um código moral rígido e, praticamente, imutável. Com o advento da Revolução Industrial, crescem enormemente as possibilidades de mudança de destino, as pessoas adquirem a liberdade de escolha, uma vez que já podiam buscar novos afazeres e novas maneiras de estarem no mundo, não mais determinadas pelo nascimento, geografia ou posição social ou, ainda, pela falta de novas possibilidades de existir. Eticamente, isso quer dizer que aquele determinado código de costumes tornou-se desnecessário, abrindo espaço para a liberdade como valor ético, embora, na prática, ainda possível para poucos.

Essa questão da liberdade é básica e fundamental para pensarmos sobre a autonomia como um dos propósitos mais importantes da educação, o que comentarei mais adiante de maneira mais extensa. Por ora, é bom lembrar que foi com base na premissa de que o ser humano pode escolher seu lugar no mundo, e, com ele, seus valores, dentre os quais os ligados à sexualidade, que foi criado há alguns anos o trabalho de orientação sexual como maneira de facilitar aos jovens a descoberta e a assunção de seus próprios princípios éticos.

ORIENTAÇÃO SEXUAL – A SEXUALIDADE NA ESCOLA

É fato sabido e bastante discutido que a sexualidade sempre teve espaço dentro das preocupações da escola. A sexualidade permeia o universo escolar desde há muito tempo, seja na arquitetura, nos regulamentos disciplinares, enfim, nas muitas formas como se organiza a convivência das pessoas dentro da escola, mas não podemos perder de vista que já temos hoje em dia muitos progressos nesse aspecto: a escola hoje pode lidar com a sexualidade de uma maneira mais clara e melhor, embora com novas dificuldades, que a maneira possível há algumas décadas.

Hoje a escola deve falar da sexualidade explicitamente, não mais de forma velada, pois não faz mais sentido darmos preferência ao implícito, em detrimento da explicitação das importantes questões relativas à sexualidade, se quisermos jovens mais críticos, amadurecidos e esclarecidos.

Embora o discurso sobre a sexualidade não seja novidade no contexto escolar, o trabalho com a orientação sexual é recente e ainda carente de novas pesquisas e de aprimoramentos. Tal necessidade de ampliação do campo de conhecimentos relativos à orientação sexual tornou-se atualmente ainda mais premente por causa da inclusão, em 1997, pelo MEC, do trabalho de orientação sexual nos PCNs, como um dos temas transversais nos currículos escolares.

Se pensarmos, por um lado, no aspecto preventivo e higiênico, o advento da Aids, a existência ainda no Brasil de doenças sexualmente transmissíveis que poderiam já ter sido erradicadas, as terríveis estatísticas sobre gravidez na adolescência e sobre aborto, não teremos a menor dúvida em afirmar que o trabalho de orientação sexual se faz necessário e oportuno.

Por outro lado, ao refletirmos sobre aspectos socioemocionais, um trabalho sério de orientação sexual é mais do que bem-vindo. Ninguém duvida que a falta de conhecimentos sobre a sexualidade ainda é causa de inúmeros problemas pessoais e de convivência entre as pessoas, principalmente por causa de uma relativa falta de informação e da falta de espaço para debates sérios que possibilitem a transformação da informação em conhecimento nessa área. Não custa, por exemplo, lembrarmo-nos de que grande parte das atitudes de nossa sociedade, no que diz respeito à sexualidade, baseia-se na repressão e na culpa, com consequências complicadas para a vida comunitária. Repressão e culpa que, via de regra, originam-se numa tentativa de dominação das pessoas através de um controle excessivo – ou na absoluta falta de controle, o que dá no mesmo – que se usa quando se trata da sexualidade.

A melhor alternativa contra esse tipo de dominação e de controle é o conhecimento, na medida em que tentamos controlar absolutamente – ou quando abdicamos de qualquer possibilidade de controle sobre algum evento ou comportamento –, geralmente é sinal de que não conhecemos o suficiente sobre o que está ocorrendo. É esse controle (e o descontrole) por falta de conhecimento sobre a sexualidade um dos principais responsáveis por muito do sofrimento e muito da dor das pessoas em nossa cultura, no que se refere à sexualidade, atingindo principalmente os adolescentes. Precisamos, então, encontrar maneiras de se lidar com a sexualidade assegurando mais conhecimentos sobre ela.

CONHECIMENTO E INFORMAÇÃO

Quero frisar que estou propondo que se busque mais conhecimento sobre a sexualidade, não mais informações sobre ela. De informação estamos plenamente bem abastecidos e já é hora de sabermos que ela por si só é insuficiente. Conhecer é diferente, muito diferente de ter informação – basta observarmos as pesquisas feitas com adolescentes que viveram ou vivem uma gravidez, e logo perceberemos que não lhes faltava informação sobre a sexualidade, no entanto lhes faltava conhecimento sobre a própria sexualidade.

Há uma tendência moderna em se confundir informação com conhecimento, e eu quero, ainda que muito rapidamente, comentar um pouco sobre isso. Vivemos em uma sociedade que se baseia cada vez mais na informação e na rapidez de transmissão dessa informação. O processo de globalização da forma como se dá hoje tem como uma de suas principais bases a comunicação em tempo real em todo o mundo; dessa maneira, grandes fluxos de dinheiro correm o mundo em questão de segundos graças a essa enorme capacidade de transmissão da informação de que dispomos hoje. Assim como o dinheiro, também as notícias circulam com enorme facilidade pelo mundo, influenciando as pessoas das maiores e das menores cidades ao mesmo tempo. Já vai longe a época em que as pessoas em algum canto escondido do interior do Brasil podiam manter seus usos e costumes praticamente sem mudanças por muito tempo. Hoje a tradição é virtualmente assaltada diariamente pelas imagens da TV, pela internet, pelas antenas parabólicas e bandas largas para as quais não há portas fechadas ou crença segura. O mundo está, nesse sentido, pequeno, muito pequeno.

Há uma série de aspectos ruins nessa enorme ampliação do poder humano de comunicação, assim como há aspectos altamente positivos. Um dos aspectos positivos é que a informação sobre a sexualidade ficou, digamos assim, mais democrática. O acesso às informações básicas sobre a sexualidade é hoje muito mais fácil que há algumas décadas, e uma das consequências disso é uma mudança nas questões trazidas pelos jovens. De maneira geral e na maioria dos casos, independentemente do lugar onde viva esse jovem, com pouca idade ele já tem bastante informações sobre camisinha, anatomia genital, fecundação, relações sexuais e tantos outros aspectos da sexualidade humana. Nas aulas de orientação sexual é fácil perceber isso: a partir de certa idade, e mesmo que não tenham ainda vivido o processo de orientação sexual na escola, muitos jovens são capazes de dar verdadeiras aulas sobre, por exemplo, métodos de prevenção da gravidez. No entanto, há jovens engravidando como nunca (estima-se que no Brasil algo em torno de 20% dos partos realizados anualmente sejam de mães adolescentes).

O que acontece? Por que será que mesmo com tanta informação algumas mudanças de comportamento sexual não são para melhor, como seria de se esperar? Se tantos jovens sabem, por exemplo, como prevenir a Aids, por que tantos deles ainda continuam a manter relações sexuais sem camisinha? Por que será que a violência sexual ainda é tão grande, se ela é tão questionada? E, por aí afora, poderíamos tecer uma série de questões que nos dariam conta dessa discrepância que existe entre a informação recebida e o comportamento adotado.

É claro que a informação (principalmente quando acompanhada pelo conhecimento) trouxe uma série de boas mudanças no comportamento sexual, isso me parece inquestionável. Basta olharmos o progresso, que não é pequeno, obtido nas relações entre os gêneros nas últimas décadas e teremos um exemplo contundente do avanço possibilitado pela informação. Soma-se a isso o fato de hoje nas famílias as conversas sobre a sexualidade serem mais frequentes e honestas, e teremos um retrato razoável a nos atestar que há crescimento na trajetória do ser humano ocidental quanto à sexualidade, embora, é óbvio, ainda haja muito o que caminhar.

Penso que grande parte do que ainda temos que conquistar socialmente na questão da sexualidade será alcançado quando pudermos passar da informação ao conhecimento com mais facilidade. Para mim, o conhecimento é a informação apropriada, é a informação digerida e tornada parte integrante da pessoa. Uma coisa é *eu* saber que se pode engravidar em uma única relação sexual, isso é uma informação; outra coisa, é eu saber que posso engravidar em uma única relação sexual, isso é conhecimento. Uma coisa é eu saber que o ser humano pode ser violento, outra coisa é saber como a minha violência pode ser despertada e me responsabilizar por evitá-la. Uma coisa é eu saber que as pessoas podem se enamorar, outra coisa é saber que posso me enamorar. Uma coisa é eu saber, ter informações sobre técnicas sexuais que tornariam uma relação sexual mais excitante e envolvente, outra coisa é eu ter conhecimento suficiente para ter discernimento e utilizar essas técnicas com cuidado, respeito e delicadeza para com a outra pessoa e para comigo mesmo. Tais são as diferenças entre ter informação e ter conhecimento, em minha ótica.

A orientação sexual lida com as duas facetas. Tanto ela busca ampliar o nível de informação sobre a sexualidade por parte dos alunos, quanto ela, principalmente através da promoção incessante de debates e de intercâmbios de pontos de vista, busca ser facilitadora para a transformação da informação em conhecimento, como, aliás, é projeto de toda boa atividade pedagógica.

ORIENTAÇÃO SEXUAL – ALGUNS PARÂMETROS

Para lidar com a questão da transformação da informação em conhecimento é preciso tempo. Por isso a proposta de que o trabalho de orientação sexual na escola seja contínuo. Igualmente, é preciso confiança – confiança em si, no professor e no grupo para que se possa debater com a necessária liberdade e, assim, transformar informação em conhecimento. Por isso a proposta de que o trabalho de orientação sexual na escola seja contínuo. Além de tudo isso, é preciso que criemos socialmente o hábito de questionarmos e de discutirmos as informações recebidas, para que não nos tornemos vítimas de uma ciência ou de uma mídia supostamente não ideologizadas. Por isso a proposta de que o trabalho de orientação sexual na escola seja contínuo.

Embora tenha se tornado matéria obrigatória nos currículos, a orientação sexual ainda não tem, no Brasil, quantidade suficiente de profissionais devidamente habilitados para exercê-la de maneira sistemática e ainda engatinha na construção de seus pressupostos teóricos básicos. Nem mesmo o nome que se deve dar ao trabalho é consenso: alguns preferem a nomenclatura *educação sexual*, ao passo que outros preferem definir o trabalho na escola como *orientação sexual*. Eu prefiro que haja dois nomes para os dois tipos de abordagem com relação à sexualidade, pois isso marca a diferença e ajuda a formalizar melhor o trabalho com a orientação sexual na escola. Essa formalização deixa claro o planejamento necessário para essas aulas, bem como a necessidade de clareza quanto às regras e procedimentos que orientam esse tipo de trabalho pedagógico.

Alguns teóricos discordam do uso da palavra *orientação* para se descrever o trabalho com a sexualidade no âmbito da escola, argumentando que a palavra pode indicar que o trabalho daria rumos para os alunos, invés de ajudá-los a pensar e escolher quais caminhos trilhar na estrada da sexualidade. A maioria desses teóricos defende o uso da palavra *educação* mesmo para o trabalho mais formal na escola, o qual chamo de orientação sexual. Também tenho minhas dúvidas sobre se a palavra *orientação* seria mesmo a melhor a ser usada nesse contexto, inclusive porque ela tem ainda, na área da sexualidade, o sentido de escolha de identidade sexual. No entanto, essa forma de denominar o trabalho realizado na escola acabou por conseguir um certo consenso, de maneira que é a nomenclatura adotada neste livro. Assim, utilizo-a até aqui e continuarei a utilizar a terminologia proposta nos PCNs, a qual designa a expressão *orientação sexual* para o trabalho realizado na escola e a expressão *educação sexual* como relativa à moral sexual familiar e social com a qual a criança se depara desde o seu nascimento. Outra vantagem do uso de um nome para o trabalho formal realizado na escola diferente do nome para a maneira de se lidar na sociedade com a sexualidade é que se deixa mais claro que o trabalho de orientação sexual é diferente de educação sexual, para que não fique nenhuma dúvida quanto à real responsabilidade de pais e educadores no que tange à maneira de se lidar com a sexualidade dos jovens.

Se a orientação sexual não tem nem mesmo ainda um consenso com relação ao nome, que dirá quanto a seus pressupostos teóricos. É nesse ponto que venho defendendo que a *gestalt-terapia* e a *gestalt-pedagogia* têm conceitos que podem perfeitamente fundamentar um trabalho de orientação sexual sério e competente, realmente facilitador para o encontro dos jovens com sua sexualidade. Em um pensamento dialético, acredito que a orientação sexual na escola pode ser uma alternativa de caminho para um trabalho psicoprofilático em *gestalt-terapia*.

Segundo os PCNs, o trabalho de orientação sexual que se propõe atualmente no Brasil tem raízes históricas, remontando à década de 1920. Para os PCNs (1998, p. 02), a retomada desse tema é fruto de uma necessidade de se repensar o papel da escola e dos conteúdos por ela trabalhados. Além disso, a preocupação dos educadores com o grande crescimento da incidência de gravidez indesejada entre as adolescentes e com o risco da infecção pelo HIV entre os jovens, acabaram por facilitar a retomada do trabalho com a sexualidade na escola.

Nas justificativas dos PCNs para a inclusão da orientação sexual como tema transversal na educação, encontra-se um pouco mais de esclarecimentos acerca do que se espera hoje com esse trabalho:

> *Ao tratar do tema orientação sexual, busca-se considerar a sexualidade como algo inerente à vida e à saúde, que se expressa no ser humano, do nascimento até a morte. Relaciona-se com o direito ao prazer e ao exercício da sexualidade com responsabilidade. Engloba as relações de gênero, o respeito a si mesmo e ao outro e à diversidade de crenças, valores e expressões culturais existentes numa sociedade democrática e pluralista. Inclui a importância da prevenção das doenças sexualmente transmissíveis/Aids e da gravidez indesejada na adolescência, entre outras questões polêmicas. Pretende contribuir para a superação de tabus e preconceitos ainda arraigados no contexto sociocultural brasileiro.* (Brasil, MEC, 1998, p. 01)

A orientação sexual pretende ser um trabalho voltado para a reflexão sobre a educação sexual. É limitada e não pode nem pretende substituir a educação sexual, mas, antes, complementá-la. Pretende trazer informações e facilitar o processo de digestão dessas informações. Lida com emoções, é terapêutica sem ser terapia. O trabalho com orientação sexual na escola tem alguns objetivos essenciais: complementar, corrigir, ampliar as informações que os jovens têm sobre a sexualidade; discutir os preconceitos relativos ao tema; facilitar aos adolescentes a lida com as questões peculiares à idade.

Além disso, é intenção da orientação sexual possibilitar uma visão mais ampla, profunda e diversificada acerca da sexualidade, além de potencialmente poder possibilitar transformações nos relacionamentos pessoais, incremento da afetividade, aumento na naturalidade na troca de ideias sobre a sexualidade e o respeito pela diversidade.

Então, o trabalho de orientação sexual se caracteriza por abrir um campo na escola através do qual os jovens possam discutir suas dúvidas sobre o assunto, além de buscarem se posicionar valorativamente quanto à sexualidade. A orientação sexual pretende ser um trabalho que, por considerar todas as dimensões da sexualidade – a biológica, a psíquica e a sociocultural, além de suas implicações políticas –, não se prenda apenas aos aspectos informativos ou biológicos acerca do tema, mas também propicie aos jovens a possibilidade de debater os tabus, os preconceitos e a educação sexual de forma geral, buscando assim ampliar seus conhecimentos sobre a própria vida sexual e sobre a sexualidade.

PERTINÊNCIA E RISCOS

Embora a importância da discussão sobre a sexualidade na escola já seja suficientemente reconhecida, ainda há várias questões a serem levantadas quanto a alguns riscos que a orientação sexual envolve; além disso, parece-me importante que se discuta também o que a orientação sexual na escola pode trazer de contraproducente e de iatrogênico.

Nessa discussão, acredito que não podemos perder de vista, que o papel da escola também está em debate atualmente. Quais funções a escola tem hoje? No que a escola complementa a família e no que ela substitui a família no mundo globalizado do século XXI? Certamente a escola de hoje não tem as mesmas atribuições da escola de algumas poucas décadas atrás. Mas como definir com relativa precisão que diferenças são essas? Que implicações têm para a vida social as novas funções da escola? Por aí afora, eu poderia aqui levantar uma série imensa de questões que estão presentes nas mentes de educadores por todo o mundo, mas correria o risco de fugir do tema proposto. Por isso, restrinjo-me nesse momento àquela questão que me parece a mais importante para os fins da discussão que travamos aqui: na educação da sexualidade, como a escola pode complementar o papel da família sem assumir o risco de substituir a família?

Pouco a pouco, dada a imensa complexidade de nosso mundo globalizado, cada vez mais rápido e exigente, mais se exige da escola e mais se propõe novas fronteiras para a atuação escolar. Nesse sentido, não é raro encontrar famílias que esperam que a escola ensine tudo para seus alunos, desde Matemática, Língua Portuguesa, Geografia, Ciências, as matérias curriculares de praxe, até como se sentar à mesa, como escovar os dentes, regras de trânsito, entre outros, como se a escola pudesse substituir a família. Mas a escola não pode – nem deve – substituir a família. Há uma imensa gama de conhecimentos que só pode ser conquistada no dia a dia, na informalidade do afeto e do peculiar compromisso existente nas relações familiares e em algumas outras poucas relações sociais. O limite da escola é complementar a educação familiar. Por isso, como já vimos, a importância da distinção entre educação sexual e orientação sexual.

A clareza desses limites entre educação e orientação sexual são de fundamental importância, pois, senão, estaremos criando mais um problema para a vivência da sexualidade pelos jovens. De forma alguma a escola pode pretender substituir a família na educação sexual, por mais que alguns pais façam essa solicitação para se verem desobrigados de ter que conversar explicitamente sobre isso com os filhos. Na melhor das hipóteses, teríamos, no caso da escola, se pretender substituir a família na educação sexual, o risco de desembocarmos num caminho perigoso, que poderia gerar ainda maior alienação nas relações familiares, numa época em que a dialética entre a intimidade familiar e a privacidade das pessoas já é tão ameaçada pela cultura narcísica que sustenta a globalização da forma como ela se dá hoje. A escola não pode transformar a orientação sexual em educação sexual.[1]

Não podemos nos esquecer de que a orientação sexual tem o propósito de ser um fórum de discussões sobre a sexualidade, com a pretensão de que essas discussões gerem conversas em casa, de forma a transformar a sexualidade em um assunto familiar, deixando de ser um silêncio.

Uma forma de minimizar a possibilidade de ocorrência de dúvidas nessa fronteira tão delicada entre o pertinente à família e o pertinente à escola, é realizar reuniões periódicas com os pais, a fim de facilitar o intercâmbio de ideias sobre a sexualidade entre pais, filhos e escola.

ONDE

Embora a orientação sexual possa ser executada em outros locais (igrejas, associações e até em clubes), ela deve preferencialmente ser realizada nas escolas. Isso porque, ao trabalhar a sexualidade dos alunos de maneira sistemática e séria, a escola já lhes dá ideia sobre

---

[1] Nesse sentido, os PCNs erram ao tratar o trabalho com a sexualidade das crianças como "orientação sexual" e não como educação sexual, o que de fato é. Orientação sexual é um trabalho com adolescentes, como explico no decorrer deste livro.

a dimensão e a importância da sexualidade na vida e nas escolhas que fazemos ao longo da vida. Mais importante ainda é o fato de que ao se trabalhar a sexualidade cotidiana e explicitamente na escola, se coloca para os jovens a noção de que sexualidade é algo sobre o que se aprende e se pode conversar, retirando do assunto uma série de tabus desnecessários ao bom desenvolvimento das pessoas.

Na realidade, a sexualidade sempre teve espaço dentro das preocupações da escola. Não às claras, é bem verdade, mas sim veladamente, implicitamente, de forma não assumida. A sexualidade está escondida nas escolas, mas basta um olhar mais atento para que se possa perceber como ela permeia o universo escolar há muito tempo. Se prestarmos atenção, logo notaremos que na escola a todo momento se está tratando da sexualidade: na arquitetura, nos regulamentos disciplinares, em toda a forma como se organiza a convivência das pessoas dentro da escola, sempre há um olhar atento para a sexualidade. Um olhar que orienta atitudes, como lembra Michel Foucault (1980, p. 30). Ao se referir às escolas do século XVIII no tocante à sexualidade, ele argumenta que aparentemente esse não é um assunto levado em conta, mas só aparentemente, pois:

> *Todos os detentores de uma parcela de autoridade se colocam em um estado de alerta perpétuo: reafirmado sem tréguas pelas disposições, pelas preocupações tomadas, e pelo jogo das punições e responsabilidades. O espaço da sala de aula, a forma das mesas, o arranjo dos pátios de recreio, a distribuição dos dormitórios (com ou sem separações, com ou sem cortinas), os regulamentos elaborados para a vigilância do recolhimento e do sono, tudo fala da maneira mais prolixa da sexualidade das crianças.*

Essas afirmações de Foucault infelizmente ainda são válidas para algumas de nossas escolas no século XXI, haja vista que, embora tenhamos conseguido progressos, há ainda muitas escolas que lidam com a sexualidade com o mesmo tipo de prolixidade do século XVIII.

Na medida em que somos seres sexualizados, não há como pedir aos alunos que deixem sua sexualidade fora da escola. Eles – assim como os professores e todos os funcionários da escola – trazem consigo sua sexualidade, um fato que, de tão óbvio, às vezes passa despercebido. Não é somente através da pornografia dos banheiros ou das brincadeiras fora de hora dos adolescentes que a sexualidade vai para a escola. Ela também está presente nas regras da escola, nas atitudes dos alunos e dos professores, nas fantasias dos alunos e dos professores. Além disso, não nos esqueçamos de que os professores são importantes modelos de conduta para os alunos em vários campos existenciais, inclusive na sexualidade.

De fato, não há como evitar. Mesmo que a escola queira se omitir, ainda assim a educação sexual acontecerá, pois ela é função inescapável da escola. Acrescer a ela a orientação sexual não é nada além de zelar pela qualidade do ensino. Note que a escola faz os dois trabalhos – a educação e a orientação sexual –, e isso é de suma importância nessa discussão: o fato de a escola implantar um trabalho regular de orientação sexual não a exime de ser uma das fontes da educação sexual. Por exemplo, as regras que a escola adota quanto à sexualidade de seus alunos – se permite ou não o namoro nos intervalos, o tipo de vestuário que permite, como lida com os alunos homossexuais, se tem ou não uma base moral religiosa para o estabelecimento dessas regras, dentre outros aspectos – são parte de sua educação sexual; o trabalho de orientação sexual é campo para a discussão da sexualidade, inclusive das regras que norteiam a conduta dos adolescentes na escola. Mas, volto a frisar, o trabalho de orientação sexual é diferente do trabalho de educação sexual na escola. Esse é um paradoxo da orientação sexual, mas não podemos nos esquecer disso, sob pena de misturarmos uma coisa com a outra e nos arriscarmos a desenvolver um trabalho autoritário em vez de libertador.

A orientação sexual pretende abrir na escola um canal de discussões, baseado, dentre outros, na crença de que se a escola não abrir espaço para discussão, essa acontecerá à revelia, com prejuízos para os jovens e para a própria escola. O que se procura através do diálogo propiciado pela orientação sexual é estimular o jovem a pensar com mais liberdade assuntos considerados proibidos, e assim rever outros valores de sua vida e da sociedade. Graças ao clima de diálogo, espera-se que o jovem possa aprender a discutir com respeito mesmo quando há divergências de opiniões, de maneira que sua curiosidade intelectual seja aguçada e sua visão de mundo ampliada.

PARA QUEM

Nos PCNs aparece o nome *orientação sexual* para todo o trabalho feito na escola com a sexualidade dos alunos. Não gosto dessa nomenclatura para o trabalho sobre a sexualidade para os alunos menores, pois prefiro deixar o nome de orientação sexual para o trabalho sistemático desenvolvido na escola; o trabalho com as crianças menores é mesmo o de educação sexual, a parte pertinente à escola na educação sexual é feita por toda a sociedade. Ainda que se estabeleçam algumas metas de como se trabalhar a sexualidade das crianças, ainda que deem aulas para as crianças que tratem especificamente da sexualidade, ainda assim, esse é um trabalho de educação sexual, e não de orientação sexual.

A orientação sexual propriamente dita é sistemática e formal, não custa repetir. Ela é praticamente o que poderíamos chamar de uma "matéria", com horário estabelecido semanal ou quinzenalmente, com uma série de condições que a diferenciam claramente do trabalho feito com as crianças, de modo que a orientação sexual deve começar na puberdade, continuando por todo o resto do caminho escolar. A orientação sexual dada de forma regular deve se iniciar na quinta ou sexta série do Ensino Fundamental (sexto/sétimo anos), momento em que os jovens começam a despertar sua consciência para as mudanças corporais que os levam para além da infância, momento em que a consciência de serem seres sexualizados começa a se expandir.

Assim como para que a criança possa alfabetizar-se ela deva ter passado por algumas fases de seu desenvolvimento, também para que ela se inicie no estudo mais formalizado da sexualidade é necessário que já tenha atingido um determinado estágio em seu amadurecimento biopsicossocial. Tanto em um como em outro caso, há requisitos para que a pessoa se torne sujeito do processo de aquisição de conhecimentos, requisitos que dizem respeito à estrutura mental necessária para cada tarefa.

Essa estrutura mental é construída aos poucos, degrau por degrau, período por período. Para que possa ter interesse pela sexualidade de uma forma mais consequente, consciente e profunda, a pessoa deve ter atingido o estágio que Piaget denominou "Operatório Formal", que coincide com o rompimento da puberdade e da adolescência em nosso meio cultural mais abastado.

Então, assim como na aquisição das atividades linguísticas a criança deve ouvir antes de falar, falar antes de ler e ler antes de escrever. Igualmente, na aquisição dos conhecimentos mais metódicos sobre a sexualidade e no posicionamento diante dessas questões, há pré-requisitos a serem cumpridos, daí a escolha do momento de entrada na puberdade e na adolescência para se iniciar um processo regular e sistematizado de orientação sexual.

Ainda pensando nas passagens necessárias para que se chegue a um determinado ponto, cabe aqui outro paralelo entre a alfabetização e a orientação sexual. Assim como para chegar à leitura e à escrita, o primeiro passo é ouvir os sons e familiarizar-se com as várias nuances da fala humana, também para chegar ao momento de se deparar com um processo de orientação sexual o jovem terá vivido (e estará vivendo) a educação sexual.

Fundamento essa minha opinião a respeito do momento em que se deve começar o efetivo trabalho de orientação sexual na escola em algumas teorias, dentre elas a de Ausubel, a da *gestalt-pedagogia* e a de Carl Rogers. Para Ausubel, o fator isolado mais importante que influencia a aprendizagem é aquilo que o aprendiz já conhece, ou seja, para se trabalhar com a orientação sexual na escola é preciso que os alunos já se percebam sexualizados e se apossem desse conhecimento sobre si.

No que diz respeito à *gestalt-pedagogia*, há alguns pressupostos dessa corrente pedagógica que são pertinentes à orientação sexual, uma vez que, nesse trabalho, busca-se, no lugar de uma exagerada ênfase nos aspectos cognitivos da aprendizagem, uma integração que leve em conta os aspectos emocionais e sociais da relação ensino-aprendizagem. Além disso, na orientação sexual na escola, é patente que a mente só funciona no corpo e através dele. No que diz respeito ao aspecto mais ideológico da educação, também há um encontro com um dos pressupostos básicos da *gestalt-pedagogia*, ou seja, aquele que diz que toda atividade pedagógica busca possibilitar ao aluno o desenvolvimento mais pleno de suas capacidades, "através do fornecimento de situações de pertinência, sensação de dignidade e, daí, coragem e autoconfiança" (Burow, 1985, p. 32).

Correndo o risco de parecer repetitivo, reitero que o trabalho sistemático em orientação sexual está voltado para os adolescentes. Isso se justifica porque a adolescência implica em uma capacidade de fazer distanciamentos: é quando a pessoa pode tomar distância adequada para considerar em perspectiva e de modo racional e reflexivo sua realidade. Piaget vê nessa fase o início do pensamento hipotético-dedutivo, que permite à pessoa movimentar-se num campo meramente hipotético:

> *A pré-adolescência caracteriza-se por esse abrir-se dos valores às possibilidades novas para as quais já se prepara o sujeito, porque consegue antecipá-las, mercê dos novos instrumentos dedutivos.* (PIAGET e INHELDER, 1978, p. 86)

É nessa fase em que a pessoa torna-se capaz de se apartar de si mesma, podendo se compreender como sujeito e objeto de si mesmo (dizendo de outra maneira: é nessa época que o jovem distingue mais claramente *eu* de *mim*). A conquista mais consciente da individualidade aparece nessa fase, e é fruto dessa capacidade de distanciamento, dessa capacidade de ir e vir de si com fluência. Na medida em que pode se apartar – de si mesmo, do corpo, da família, da escola, de valores e de projetos –, o jovem passa a presentificar coisas, sensações, sentimentos, ideias, ideais. E o que é presentificado requer cuidados, principalmente se é fator determinante no estabelecimento da identidade, como a sexualidade.

Sem esses novos instrumentos que lhe possibilitam lançar-se para além de si mesmo, o jovem não poderá tirar proveito das aulas de orientação sexual, pois essas aulas se, por um lado, lidam com coisas concretas e corpóreas, realçadamente presentes na consciência do aluno dessa faixa etária, por outro lado, lidam com uma abstração marcante, na medida que abordam temas que se destinam principalmente a facilitar ao jovem o estabelecimento e a confrontação de uma hierarquia de valores.

É por causa desse acréscimo na capacidade de abstração que se pode encontrar nos PCNs a sugestão de que se comece o trabalho de orientação sexual regular na escola a partir da quinta série (sexto ano) do Ensino Fundamental, momento em que começam a se instalar no aluno essas novas habilidades de interpretação do mundo (para algumas turmas, eu prefiro que a orientação sexual comece na sexta série [sétimo ano], pois há alunos que, mesmo estando na quinta série [sexto ano], ainda não têm a necessária maturidade para lidar proveitosamente com essas aulas). Até a quinta série (sexto ano) o trabalho com a sexualidade na escola é uma educação sexual; somente após a quinta série é que ele deve ter seu formato sistematizado, merecendo o nome de orientação sexual. Essa sistematização pode se dar, por exemplo, através de uma hora-aula semanal, dentro ou fora da grade de horário existente. Tais aulas devem, ainda segundo os PCNs, ser ministradas por um professor disponível, em um lugar adequado, em um horário, prévia e regularmente estipulado, de acordo com diretrizes contidas nos PCNs e em alguns livros didáticos sobre o tema.

Nesse trabalho de orientação sexual com os jovens, é importante que se possa fugir da ideia exclusiva de que se está preparando o jovem para o futuro, de que a meta é o adulto. O adolescente é um ser sexualizado, e mais: ele sabe disso. Pouco importa que o jovem tenha ou não relações sexuais, ele é um ser sexualizado, nesse momento, agora. Ele está sexualizado, o sexo faz parte de seu dia a dia e de sua busca de identidade e de espaço pessoal no mundo.

A sexualidade é de importância vital na identidade de cada pessoa. E o contato com ela, com todas as possibilidades existenciais que a sexualidade abre, é decisivo na busca por diferenciação e pertinência ao mundo. Ao ampliar a possibilidade do debate sobre a sexualidade, a orientação sexual proporciona ao jovem a assimilação do ambiente e de si mesmo (com suas diferenças) diante desse ambiente. O campo criado pela orientação sexual visa proporcionar ao jovem a digestão da educação sexual que lhe foi dada, para que ele possa rechaçar o que não é aproveitável, reconhecer e lidar com obstáculos, selecionar o que é apropriado para ele, identificar-se sexualmente, buscando um ajustamento criativo diante do que a vida sexual lhe oferece.

Onde quer que esteja, onde quer que viva, esse ser sempre sexualizado – o ser humano – vai, principalmente a partir da adolescência, ajustar-se, ajustar a sua sexualidade – ainda que às vezes tempestivamente – ao meio em que habita. Vai fazer, se puder, ajustamentos criativos.

Escreveu Therese Tellengen:

> *Ajustamento criativo inclui autorregulação, abertura ao novo, contato vivo e vitalizante, em contraposição a controle externo, dependência, agarramento ao passado e comportamento estereotipado.* (1984, p. 47)

A boa educação deveria ser facilitadora dessa atitude.

Esse jovem de que estamos falando não vai fazer ajustamentos criativos apenas quanto ao meio externo. Ele fará ajustamentos criativos também e principalmente quanto a seu próprio corpo. A puberdade e a adolescência exigem um brutal "recontatuar" com o corpo. Um corpo, mais do que nunca, sexualizado; só que agora consciente disso. E, além de consciente, certamente confuso frente a tantas ambiguidades culturais diante da sexualidade. Não tenho dúvidas de que se esse jovem puder ser ajudado no percurso inicial da floresta da sexualidade, no futuro ele dará menos trabalho aos psicoterapeutas. Quando ajudamos amorosa e respeitadoramente alguém a contar suas histórias, estamos evitando ter de restaurá-las depois.

Atuando preventivamente, facilitamos o surgimento de condições que favoreçam o desenvolvimento. Se levarmos em conta a enorme importância que a sexualidade tem no que se refere à identidade de cada pessoa, veremos que quanto mais integrada e quanto mais apossada está a sexualidade do jovem, mais ele terá disponibilidade para a coragem e a autonomia. A orientação sexual facilita a autonomia do jovem, aumentando sua disponibilidade para a aprendizagem, pois, quando alcançam maior clareza e uma postura mais honesta e ampliada diante da sexualidade, os jovens se tornam mais amadurecidos e mais seguros emocionalmente. Dessa maneira, tornam-se mais aptos a estabelecerem relacionamentos mais íntimos consigo mesmos e com os outros, percebendo mais claramente suas carências, desejos, necessidades e vontades, bem como estando mais atentos aos outros. Em outros termos, a orientação sexual na escola é também uma facilitadora da *awareness* e do contato. Do contato *inter* e intrapessoal. Por via disso, a orientação sexual na escola é facilitadora da autonomia: a capacidade de estabelecer as próprias regras.

Em outros termos, podemos dizer que a orientação sexual na escola tem como propósito básico ampliar para o jovem as possibilidades de ele se posicionar criativa e conscientemente diante da sexualidade, na expectativa de que isso possibilite ao jovem a ampliação da autonomia, um dos fundamentos mais básicos do processo educacional. É sobre a autonomia que quero fazer alguns comentários agora.

A AUTONOMIA

Penso que a ampliação da autonomia deve ser um dos mais importantes propósitos da educação, e acredito que a orientação sexual pode ser um dos caminhos dessa busca pela ampliação da autonomia dos educandos, na medida em que propicia ao aluno oportunidade de pensar sobre si em um aspecto fundamental de sua identidade, a sexualidade, além de proporcionar aos alunos a oportunidade de questionar e de criticar muitos dos tabus presentes em nossa sociedade.

Sabemos que a inocência – se é que ainda podemos usar esse termo – não protege, pelo contrário. Não dá mais para pensar que ao não discutirmos sexualidade com os jovens, estamos protegendo-os de um amadurecimento precoce. A proteção possível é discutir com eles num nível de debates pertinentes a sua idade e estarmos atentos às suas necessidades. É bom lembrar que desde pelo menos no início da puberdade os jovens discutem entre si a sexualidade; eles a sentem pulsar em seus corpos, estão ávidos por informações que os tranquilizem em suas dúvidas, precisam de confirmações em suas descobertas, querem ser referendados como seres sexualizados que são.

É preciso criar um espaço continente no qual a consciência da sexualidade seja acompanhada de informações que gerem conhecimentos a respeito; é preciso criar um canal por onde as angústias tão típicas dessa fase do desenvolvimento possam se resolver em crescimento, prazer, liberdade e responsabilidade.

De maneira geral, há ainda uma lacuna, a qual, na maioria das vezes, é preenchida com preconceitos, medos, informações incompletas (e muitas vezes erradas!) captadas de forma sorrateira e propiciadora de culpas e de angústias. Penso que cabe à escola abrir esse espaço para que se possa preencher devidamente essa lacuna, ensejando a possibilidade de uma visão mais ampla e mais ancorada na vivência sobre os temas da sexualidade. Para o educador é importante atentar para a possibilidade da utilização da orientação sexual como um instrumento eficaz no sentido de facilitar ao aprendiz uma maior disponibilidade interna para a vida, para o mundo e para a aprendizagem, uma maior abertura para condutas autônomas diante da vida e de seus fatos.

Tratemos de entender, então, o que estou chamando de uma conduta autônoma.

Autônoma é aquela pessoa que governa a si própria, ao contrário da pessoa heterônoma, que é aquela que se governa com base no raciocínio e no código de valores de outrem. Para que possamos entender melhor como é uma pessoa autônoma, vou tratar a princípio da pessoa heterônoma, para depois falar sobre o desenvolvimento da autonomia.

Baseio-me em Carl Rogers (1977, pp. 19-20), um educador incansável na busca da facilitação da autonomia para os aprendizes. Rogers nos lembra que todos precisamos de amor, aprovação e consideração para nos mantermos vivos e que, se não conseguimos nos manter atentos aos nossos sentimentos e ao centro de avaliação que possuímos desde que nascemos, passamos a necessitar da avaliação de outras pessoas para nos posicionarmos diante da vida e do mundo, construindo, assim, uma postura heterônoma. Em outras palavras: todos nascemos com capacidade potencial para avaliarmos o mundo e a vida de maneira a criar uma postura diante dos fenômenos; essa capacidade pode ou não ser desenvolvida. Se a desenvolvemos, nos tornamos pessoas suficientemente autônomas; se não a desenvolvemos, nos tornamos pessoas heterônomas.

A pessoa heterônoma é aquela que aprendeu mais a desconfiar de si mesma que a confiar, aprendeu a não dar o devido valor às suas percepções e à sua experiência como suportes de seu comportamento, de maneira que seus valores são mais pensados que sentidos, são repetições de valores de outros e não construções ou apropriações de valores a partir do vivido. Por não ter a necessária liberdade, a pessoa heterônoma chega até a defender ideias e valores que não encontram ressonância em seus sentimentos e em seu corpo, não raro preferindo negar o próprio sentir e o próprio corpo a negar suas introjeções. Tendem a ser pessoas rígidas, duras, com pequena capacidade de improvisação, com pouca curiosidade e com pequena capacidade de aprendizagem durante a vida. Comumente são pessoas autoritárias.

Para a pessoa heterônoma, um dos grandes valores da vida é a obediência, principalmente se é uma obediência sem discussão. Os sentimentos, os desejos e as sensações ligados à sexualidade tendem a ser vistos como maus ou até perigosos, exigindo rígidas medidas de controle. Segundo Rogers, para a pessoa heterônoma:

> *Ler por prazer e leituras exploratórias sem objetivo são indesejáveis. [...] A cooperação e o trabalho em equipe são sempre preferíveis à ação isolada. [...] Coca-Cola, chicletes, geladeiras elétricas e automóveis são inteiramente bons [...].* (1977, p. 21)

E a pessoa autônoma? Como caracterizá-la? Para Rogers, a pessoa autônoma é aquela que, primariamente, orienta-se pela sua experiência, mesmo que isso implique em contestar ou não seguir algumas normas sociais, ou seja, a pessoa autônoma é mais ética que moral, se entendermos a ética como a crítica da moral estabelecida. Nas palavras de Rogers:

> *É sua (da pessoa autônoma) vivência que proporciona a informação de valor ou feedback. Isso não quer dizer que não esteja aberta a todas as provas que possa obter de outras fontes. Mas quer dizer que essas são aceitas como são – provas exteriores – e não são tão significativas quanto as suas reações.* (ROGERS, 1977, p. 21)

Para essa pessoa autônoma, as sensações e os sentimentos sexuais podem ser muito enriquecedores, satisfatórios e duradouros, ou podem ser insatisfatórios e fugazes, mas, principalmente, não *tem que* ser nada. A pessoa autônoma avalia sua sexualidade e sua vida sexual a partir de si, a partir de seu centro, a partir do que percebe em si e com quem convive, e não a avalia a partir do que *deveria* sentir ou achar. Além disso, a pessoa autônoma é aquela que:

> *Prefere as experiências que, a longo prazo, são enriquecedoras; utiliza toda a riqueza de sua aprendizagem e funcionamento cognitivos, mas, ao mesmo tempo, confia na sabedoria de seu organismo.* (ROGERS, 1977, p. 21)

A postura autônoma não é uma postura de isolamento ou de pouca atenção ou respeito à sociedade e a suas normas e costumes, pelo contrário. Uma coisa é a pessoa ser obediente e não questionadora, outra coisa é a pessoa ser cooperativa e participante, ainda que contestadora eventualmente. A pessoa heterônoma é obediente ou revoltada, a pessoa autônoma é transformadora, inovadora, capaz de viver em grupo e de também se sentir bem sozinha. A pessoa autônoma é aquela capaz de aquilo que os moralistas chamam de epiqueia, a capacidade de cumprir o sentido da lei sem necessariamente cumprir sua letra. Por exemplo, uma pessoa autônoma é capaz de, em determinados horários e sob certas circunstâncias, furar, com cuidado, um sinal vermelho no trânsito se entender que isso é mais seguro, fato hoje comum nas madrugadas das grandes cidades. Essa mesma pessoa, no entanto, respeitará com espírito colaborador (e não com obediência cega e irritação) o mesmo sinal em outros horários e em outras circunstâncias. Quando educamos bem para a cidadania, inevitavelmente educamos para a autonomia.

É importante que percebamos que uma postura mais autônoma ou mais heterônoma, diante da vida, é uma construção que cada pessoa faz a partir do que vive e um auxílio pelas oportunidades que tem no decorrer de sua existência. Ninguém é inteiramente autônomo ou heterônomo, pelo contrário: a luta entre a autonomia e a heteronomia é uma das condenações humanas, uma constante, algo que fazemos ao longo de toda a vida.

É papel da família, principalmente, mas também da escola, facilitar às crianças e aos jovens que construam sua autonomia da melhor maneira possível. Segundo Piaget, em condições ideais a criança se torna progressivamente mais autônoma à medida que cresce. Diz ele que os adultos reforçam a autonomia ou a heteronomia das crianças, intercambiando com elas pontos de vista, no primeiro caso, ou recompensando e castigando, no segundo caso.

A criança educada com muitas oportunidades de trocas de ideias construirá, por exemplo, a noção de que é melhor para todos serem honestos uns com os outros. A criança punida poderá desenvolver basicamente três atitudes: o cálculo de riscos, a conformidade cega ou a revolta.

Para que as crianças desenvolvam autonomia, os adultos devem encorajá-las a construir por si mesmas seus valores morais, e para isso é preciso que abdiquem de punições e de recompensas como forma preferencial de educação, trocando esse tipo de condicionamento pelo diálogo esclarecedor e adequado à idade e capacidade de compreensão da criança e do jovem. Abdicar de punições e recompensas como forma preferencial de educação não é, na maioria das vezes, em nossa cultura, uma tarefa fácil, mas como sublinha Maria Tereza Maldonado:

> Apesar das dificuldades e temores que muitos pais sentem frente ao desenvolvimento da autonomia da criança, sua tendência ao crescimento tem muito a ensinar aos pais (e aos educadores, acrescento eu). Uma das tarefas mais delicadas e complexas dos pais é crescer junto com o filho, acompanhando seu desenvolvimento, o que evidentemente implica na capacidade de continuamente reformular modos de ser e de atuar para melhor se adequar às diferentes necessidades e situações que se sucedem ao longo da vida. (1986, p. 31)

As sanções impostas à criança devem ser por reciprocidade, que são aquelas que têm relação direta com o ato que se quer sancionar e com o ponto de vista do adulto, o que motiva a criança a construir suas próprias regras de conduta. Como exemplos de sanção por reciprocidade podemos citar a exclusão temporária do grupo (quando a criança age como elemento perturbador da harmonia grupal), apelação para a consequência direta e material do ato, privação da coisa mal usada (inclusive, e paradoxalmente, até da liberdade, ainda que temporariamente) ou a reparação (Kamü, 1985).

Todas essas sanções podem ser vistas como punições se não houver entre o adulto e a criança ou o jovem, uma relação de afeto, confiança e respeito mútuo. O respeito, a aceitação incondicional e a empatia para com a criança ou o jovem são fundamentais para que ela ou ele se desenvolva autonomamente. Respeitada e aceita como é, a criança ou o jovem tenderá a respeitar e a aceitar o adulto, o que não quer dizer que não possa haver divergências ou mesmo pequenas rusgas.

Havendo condições favoráveis para que a criança se desenvolva, a aquisição de valores morais se dá muito mais por uma construção interior que pela internalização ou por uma introjeção do ambiente. O conhecimento também se dá a partir do interior da criança e não a partir de uma internalização passiva do exterior, envolvendo uma busca ativa. Assim, é bom que o professor seja, o mais que puder, um incentivador de descobertas, pois as crianças e os adolescentes precisam ser encorajados a refletir para que possam alcançar a capacidade de raciocínio crítico e autônomo.

O ponto essencial da autonomia é que a pessoa se torne apta a tomar decisões por si mesma. Só então, ela poderá se tornar livre, entendendo a liberdade como a maneira com a qual lidamos com nossos limites, com nossos potenciais e com nossos desejos e sonhos. A responsabilidade é inseparável da liberdade: "Pois a liberdade ilimitada é como um rio sem margens; a água não é controlada e o fluxo se derrama em todas as direções, perdendo-se na areia" (May, 1987, p. 128).

O incentivo à liberdade de escolha é essencial para que se facilite à criança o desenvolvimento da autonomia, respeitando-se, logicamente, os limites em cada idade. Pode-se facilitar o desenvolvimento da autonomia mesmo desde os primeiros anos de vida; fazemos isso quando possibilitamos à criança oportunidades de fazer escolhas que estejam ao seu alcance. Uma criança de dois anos já é capaz, por exemplo, de escolher o sabor do sorvete que quer tomar dentro de uma lista pequena apresentada pelos pais ou educadores; uma criança de cinco anos pode sugerir com propriedade um passeio dominical e assim se exercita a capacidade da criança em tomar decisões, de perceber o que quer e de escolher o que é melhor para ela mesma (Maldonado, 1986).

É lógico que, quando estamos falando em e pensando sobre adolescentes e crianças, precisamos ter em vista que a infância e a adolescência são momentos da vida em que a pessoa vai ensaiando sua autonomia, vai ampliando sua capacidade de autonomia para que possa exercê-la o mais plenamente possível quando adulta. É na idade adulta que o maior potencial de autonomia pode ser realizado. De novo quero frisar, ainda que sob o risco de parecer repetitivo, que mesmo na vida adulta a autonomia plena é uma utopia, um desejo nunca realizável. A vida humana caracteriza-se, dentre outros aspectos, por uma perene luta entre autonomia e heteronomia, de tal maneira que mesmo a mais autônoma das pessoas precisaria ainda ter ilhas de heteronomia sob o risco de vir a fenecer por falta de contato com o mundo. Dizendo, em outras palavras: a dialética autonomia-heteronomia, a qual se instala no ser humano já desde a primeira infância, é tão importante para o desenvolvimento de cada pessoa como a dialética inspiração--expiração para o processo respiratório.

No caso do adolescente, é importante atentarmos para o caminho que o jovem está seguindo no sentido de alcançar a autonomia. Não podemos, de forma alguma, esperar que um adolescente já possa exercer plenamente sua autonomia, dentre outros motivos porque a adolescência é, por excelência, um período

de experiências e de busca de rumos, um momento em que modelos de pessoas adultas são, mais do que nunca, importantes para que o jovem possa solidificar sua identidade. Dessa maneira, devemos esperar que o adolescente tenha, sim, mais autonomia que a criança, mas não podemos lhe cobrar uma autonomia plena.

A escola, assim como a família, tem como obrigação pavimentar ao máximo possível o caminho do jovem em direção à autonomia. Mas não podem, a escola e a família, perderem de vista que o jovem ainda não possui condições de exercer total autonomia, que isso ainda é um potencial a ser desenvolvido. Isso implica em um sentido de proteção ao jovem, principalmente no que diz respeito ao estabelecimento de limites e de orientações que lhes sirvam de balizas ao escolher seus próprios caminhos. Mas há um cuidado fundamental no posicionamento dessas balizas:

> Respeitar a autonomia da criança implica não somente em aceitar o filho (o aluno) como pessoa diferente de nós, como também, em acreditar que existem várias maneiras "certas" (e não apenas a nossa) de reagir ou de se conduzir em determinadas circunstâncias. Muitas vezes, os pais (e os educadores, acrescento eu) não conseguem enxergar que pode haver outras alternativas e fazem imposições desnecessárias, esperando que o filho pense como eles ou se comporte como querem (eu sei o que é melhor para meu filho). (MALDONADO, 1986, p. 30)

Outro aspecto da autonomia quando pensamos nos jovens é a questão mais prática: o jovem ainda não tem a possibilidade de, por exemplo, se sustentar financeiramente, o que certamente vai lhe trazer restrições quanto à sua possibilidade de exercer a autonomia. E, mesmo que, excepcionalmente, o jovem possa ter como se sustentar financeiramente, ele ainda não poderá prescindir da orientação e do apoio da família e da escola, pois a adolescência é uma passagem no processo de amadurecimento das pessoas, uma passagem que, se por um lado exige a ampliação da autonomia, por outro lado exige com igual intensidade a consciência de que ainda não há condições objetivas e subjetivas para o exercício pleno da autonomia.

No trabalho com a orientação sexual na escola há um aspecto que tem estreita relação com a autonomia e que é geralmente negligenciado, sobre o qual quero tecer alguns comentários. Trata-se da questão do amadurecimento dos adolescentes. A cada etapa da vida somos chamados a dar um certo tipo de resposta às exigências que nos são colocadas; assim, dizendo de outro modo, no processo de desenvolvimento humano há passagens a serem feitas, há amadurecimentos a serem alcançados, há aspectos da identidade pessoal a serem incorporados e assumidos. Na adolescência, um desses aspectos a ser desenvolvido e apropriado é a sexualidade. A orientação sexual existe para auxiliar os jovens nessa tarefa e, para isso, não pode perder de vista que eles são jovens, ou seja, eles estão se desenvolvendo e em busca de seu caminho. O professor não pode esperar que o adolescente já tenha um caminho, da mesma maneira que o professor não pode ter a pretensão de indicar ou de dar um caminho para os jovens. Talvez essa demarcação de um suposto melhor caminho seja pertinente, por exemplo, a um moralista religioso, mas não é da alçada do professor de orientação sexual.

O que compete ao professor de orientação sexual é facilitar ao adolescente que ele encontre o seu próprio caminho. A tolerância é ferramenta essencial nesse trabalho. Se o professor não tem paciência para esperar que, dentro de certos limites, o adolescente procure seus caminhos, é melhor que ele, o professor, não trabalhe com orientação sexual na escola.

Talvez essa seja uma das maiores dificuldades do professor em orientação sexual — conviver com a busca adolescente respeitando-a como um tatear pertinente e apropriado a essa etapa da vida. Se o professor não tem a necessária compreensão da necessidade que o adolescente tem de se apropriar de seus valores, esse professor terá enorme dificuldade para, por exemplo, permitir que o adolescente viva uma certa "homofobia" necessária ao estabelecimento da identidade sexual nessa época da vida. Outro exemplo para me fazer mais claro nesse aspecto tão importante do trabalho do professor de orientação sexual: suponhamos que um adolescente defenda a legalização do aborto e que, por motivos, digamos, religiosos, o professor seja radicalmente contra essa legalização. Se esse professor não tem o necessário tato, acabará por não permitir que esse adolescente encontre sua própria opinião (favorável ou contra) diante do fenômeno, acabará por forçar esse adolescente a ter que lidar com mais uma introjeção prejudicial ao seu desenvolvimento.[2] Quanto mais introjeções temos, menos autônomos somos, menos educados, mais obedientes, passivos ou revoltados nos tornamos.

---

2   Escolhi propositadamente esse exemplo do aborto por ser um dos temas mais polêmicos para os jovens hoje em dia e por ser um dos temas que mais dificuldades apresenta para o professor de orientação sexual, principalmente se ele tem sua posição sobre o assunto baseada em convicções religiosas. Além disso, esse é um dos temas mais polêmicos da área da sexualidade humana, em grande parte porque contrapõe parte significativa da ciência à religião. Nas aulas de orientação sexual, o propósito mais importante é facilitar ao jovem a descoberta de seus próprios valores, os quais podem ser divergentes dos valores do professor; em temas tão contundentes como esse, pode ser extremamente angustiante para o professor suportar essa diferença ideológica, e esse é um dos motivos pelos quais é tão difícil ser professor de orientação sexual. Por tudo o que já vimos sobre a orientação sexual, espero que tenha ficado claro que esse trabalho não pode se basear em valores do professor ou mesmo de uma determinada escola, mas antes, é um fórum de discussões, um espaço para facilitar ao jovem a descoberta de seus próprios valores. O espaço de posicionamento do professor ou da escola não é o da orientação sexual, mas o da educação sexual. É através da educação sexual que a escola coloca seus valores (toda escola tem valores sobre a sexualidade), sejam eles religiosos ou não. Portanto, no caso de nosso exemplo, é bom que a escola tenha um posicionamento sobre o aborto e que o explique para seus alunos, mas nas aulas de orientação sexual isso tem que ficar, de certa maneira, suspenso para que seja cumprida a função mais importante dessa forma de trabalho com a sexualidade na escola, ou seja, para que se possibilite ao jovem se posicionar autonomamente. Sem dúvida, isso exige por parte da escola e do professor uma intensa profissão de fé em seus valores.

É exatamente pela necessidade de que os estudantes tenham muito mais conhecimentos digeridos, que ensinamentos introjetados, que a autonomia deve ser um dos mais importantes propósitos da educação. A orientação sexual pode ser uma das formas de facilitação da autonomia dos jovens na medida que propicia ao aluno a oportunidade de pensar sobre si, em um aspecto fundamental de sua identidade, e na medida que propicia aos alunos a oportunidade de rever e questionar tabus tão arraigados em nossa sociedade, apesar do sofrimento que há tanto tempo vem trazendo aos seres humanos.

Na escola, a *gestalt-pedagogia* é instrumento de facilitação de autonomia, pois essa corrente teórica psicopedagógica tem premissas fundamentais para o trabalho psicoprofilático com a autonomia e a sexualidade, dentre as quais quero destacar duas: 1) a busca de uma integração através da consideração dos aspectos emocionais e sociais do ensino, no lugar de uma excessiva ênfase no aspecto cognitivo da aprendizagem; 2) a visão do ser humano como um ser integral, que aprende também com seu corpo físico e não apenas através da mente (Burow & Scherpp, 1985, p. 65).

Na *gestalt-pedagogia* há uma ênfase na aprendizagem autodirigida e criatividade; ênfase em estímulo em vez de seleção; em vez de um cientista especializado isento de emoções, professores como seres humanos inteiros; em vez de rebuscadas estratégias de motivação, parte-se daquilo que está no aluno; em vez de resignação, habilitação para uma autodeterminação ativa (Burow, 1985, pp. 109-117). Ainda segundo Burow:

> A gestalt-pedagogia *apoia-se em princípios como o "aqui--e-agora", a concentração sobre o contato, a consciência, a autossustentação, a responsabilidade, o significado central da experiência, a espontaneidade e em métodos e experimentos, [...] trabalhos com sonhos, trabalhos de casa.* (1985, p. 119)

Além disso, a *gestalt-pedagogia* traz um pressuposto básico que me parece perfeitamente pertinente à orientação sexual, que é o de que toda atividade pedagógica

> ...visa possibilitar ao indivíduo um desenvolvimento mais completo de suas possibilidades, através do fornecimento de situações de pertinência, sensação de dignidade e, daí, coragem e autoconfiança. (BUROW & SCHERPP, 1985, p. 32)

Dignidade, coragem, autoconfiança – como esses valores facilitam a vivência da sexualidade!

Para finalizar essas considerações sobre a autonomia e a orientação sexual na escola, não quero deixar de lembrar que a boa aprendizagem é erótica, depende de uma relação erotizada com o saber e com o conhecimento a ser aprendido. A erotização do aprendizado é que vai dar a ela um sentido, assim como a vida só tem sentido se vivida eroticamente. Eroticamente, no aspecto mais amplo da palavra, aquele aspecto que vem da busca do prazer e que permite e favorece o gosto de "saborear", e daí a possibilidade da sabedoria. É essa a grande ponte que vejo ligando a sexualidade à aprendizagem e, por via desta, à *gestalt-pedagogia*: a erotização da vida. O verdadeiro desejo de aprender é erótico. Sem *Eros*, a aprendizagem é apenas mecânica, de repetição, sem criatividade e pouco propiciadora de crescimento.

Podemos favorecer o incremento de *Eros* na aprendizagem através da criação de um espaço onde o jovem possa ser de fato ouvido e visto, um espaço onde ele tenha a confiança de que pode partir em busca de uma postura ética mais justa e mais solidária. Porque quando o jovem percebe que tem um espaço apropriado e continente para que ele possa, com paciência, mas não sem ansiedade, identificar-se melhor em seu corpo, vale dizer, em sua morada, ele luta melhor por exercer seus direitos e deveres enquanto membro de uma sociedade que precisa ser transformada. Conseguindo uma instalação confortável no próprio corpo, tanto melhor e com maior tranquilidade, o jovem poderá se apropriar do conhecimento formal necessário e fazer desse conhecimento o fermento para uma atitude ética e para um crescimento saboroso, lúdico e lúcido em direção a tornar-se cidadão (e não apenas consumidor) do planeta Terra.

Uma vez que já foram discutidos o histórico, as justificativas, os propósitos da orientação sexual, resta agora, para finalizar essa etapa de estudo, verificar os conteúdos da orientação sexual. Porém, antes de vermos os conteúdos da orientação sexual na escola, quero comentar um pouco sobre uma estratégia que é ainda adotada em algumas escolas, a troca da orientação sexual sistemática e formal, como defendida nos PCNs e por mim, em palestras.

PALESTRAS

Muitas escolas adotam, como forma de lidar com programas de orientação sexual, o expediente de convidar eventualmente algum especialista (geralmente médico ou psicólogo) para fazer uma palestra para seus alunos. Esse tipo de trabalho, quando isolado do trabalho continuado de orientação sexual, em meu modo de ver, apresenta uma grande possibilidade de se tornar iatrogênico exatamente porque um trabalho com sexualidade na escola exige continuidade. Palestras eventuais com temas fixos (de uma maneira geral, a maioria delas fala somente de Aids), correm o risco de trazer à tona dúvidas que acabam não respondidas ou mal respondidas por causa da falta de tempo ou de intimidade do aluno com o palestrante. De uma maneira geral, essas palestras ficam muito limitadas de informações, colaborando quase em nada para que os jovens ampliem seus conhecimentos quanto às suas próprias vivências da sexualidade.

Além disso, esse tipo de palestra traz uma grande dificuldade para o educador: não é raro surgirem questões delicadas, que exigem extremo cuidado para serem discutidas, e que acabam deixadas no ar por absoluta falta de possibilidade de se lidar com elas no período mínimo de uma palestra.

Lembro-me que certa vez fui convidado pra falar sobre sexualidade com alunos de quinta e sexta séries de uma escola particular de São Paulo. Eu teria aproximadamente uma hora para conversar com os meninos e outra hora para conversar com as meninas, já que a escola resolveu que seria melhor não colocá-los juntos. Ao fim da conversa com os meninos, fui cercado por meia dúzia deles, que me mostravam, cheios de segredos, umas revistas eróticas que um deles havia conseguido numa banca de revistas e emprestava para os colegas. Excitados, eles faziam piadas a respeito das revistas, olhavam extasiados as fotos de casais em relações sexuais, contavam com uma dose de ansiedade e de culpa que aquilo que me mostravam não poderia ser dividido com a direção da escola, pois eles poderiam ser até suspensos por terem acesso a esse material. Não há dúvidas de que o mais constrangido ali era eu. Sim, constrangido, impedido de movimentos, pois como lidar com uma coisa tão séria em poucos minutos sem ferir a natural curiosidade dos púberes que se manifestava na busca de tais revistas? Como discutir com eles em tão curto tempo essa questão tão delicada que é a pornografia, sem tolher a liberdade inerente a cada ser humano que é o direito de procurar seus próprios valores norteadores na vida? Intervim como pude, mas não consegui ir para casa com a consciência tranquila, com a sensação de dever cumprido. Desde então, venho me questionando sobre a possibilidade de esses tipos de palestras serem de fato um evento educativo, e a única certeza que tenho até agora é que elas, de forma alguma, conseguem suprir a falta de uma orientação sexual extensamente conduzida. Por essas e outras situações que vi em palestras com alunos é que mais defendo a necessidade de se fazer nas escolas um trabalho de orientação sexual contínuo e constante, que faça parte da grade curricular.

Acredito que as palestras podem ser excelentes complementos ao trabalho sistemático de orientação sexual na escola. Elas podem aprofundar algum assunto, trazer uma visão diferente e ser enriquecedoras. Meu argumento não é contra as palestras, pelo contrário, é contra as palestras dadas isoladamente, sem serem complementares ao trabalho regular de orientação sexual.

CONTEÚDOS

Recomenda-se que os temas a serem discutidos em sala de aula sejam escolhidos a partir das expectativas e das curiosidades da turma atendida, restando ao professor o ordenamento dos temas, já que ele tem condições, por causa de seus conhecimentos sobre a sexualidade humana, de saber quais conteúdos são pré-requisitos de outros. No entanto, e isso é importantíssimo, a condução do trabalho de orientação sexual na escola deve ser pautada pelo que pode ser aprendido socialmente acerca do tema. Em outros termos, o que quero dizer é que as idiossincrasias, o íntimo e privado de cada aluno e professor devem ser profundamente respeitados. O tema da orientação sexual na escola é a sexualidade de maneira geral e ampla, com claros limites quanto à particularização do que é pessoal para cada aluno e para o professor.

É também por esse motivo que podemos dizer que a orientação sexual não é terapia, mesmo sendo terapêutica. É lógico que cada aluno vai falar de si e vai falar de coisas importantes sobre si, o que também acaba por acontecer com o professor. Mas há um limite do confessional, um limite do íntimo e do privado que tem que ser respeitado e ensinado a se respeitar. Na orientação sexual, os alunos têm também a oportunidade de aprender novos limites de exposição, têm a chance de delimitarem com a maior clareza possível, para si mesmos e para os outros, quais as fronteiras das discussões sobre a sexualidade. Os alunos podem aprender que a maneira de se falar sobre sexo depende demais do contexto e da confiança no grupo ou na pessoa com quem se conversa, de tal sorte que acabam por descobrir que o mesmo assunto pode ser tratado de forma extremamente impessoal na aula de matemática, de uma forma mais pessoal e ainda protegida nas aulas de orientação sexual e de uma maneira bastante mais íntima quando numa conversa com uma pessoa de inteira confiança. Como se não bastasse o bem pessoal que esse discernimento pode trazer, ele ainda tem como efeito secundário (mas não menos importante) ser um bom antídoto contra a banalização do sexo.

Tendo em vista que a orientação sexual deva se nortear primordialmente pelas questões que pertencem à ordem do social, nos PCNs (p. 21) levou-se em conta alguns critérios para se definir as principais áreas de atuação do trabalho:

• Relevância sociocultural, isto é, conteúdos que correspondam às questões apresentadas pela sociedade no momento atual;

• Consideração às dimensões biológica, psíquica e sociocultural da sexualidade, buscando contemplar uma visão ampla e não reducionista das questões que envolvem a sexualidade e o seu desenvolvimento no âmbito pessoal;

• Possibilidade de conceber a sexualidade de forma prazerosa e responsável.

Definiu-se, então, que os conteúdos devem satisfazer a três grandes eixos ou blocos como tópicos que devem ser necessariamente trabalhados:

• Corpo: matriz da sexualidade;

• Relações de gênero;

• Prevenção das Doenças Sexualmente Transmissíveis (DST)/Aids.

Para os PCNs, o importante é discutir esses aspectos fundamentais da sexualidade humana; além disso, esses conteúdos escolhidos podem ser ampliados para diferentes assuntos, respeitando-se as limitações existentes em cada idade para a compreensão do tema, as peculiaridades e riquezas regionais e o momento vivido pela comunidade.

O CORPO HUMANO

Explicando o que se deve entender como o componente da primeira de cada uma dessas três áreas, os PCNs diferenciam corpo e organismo, considerando organismo o aparato (herdado) biológico, e corpo, o resultado da apropriação subjetiva desse organismo em relação com o meio. Desse modo, incluem-se no conceito de corpo "as dimensões da aprendizagem e todas as potencialidades do indivíduo para a apropriação das suas vivências" (Brasil, MEC, 1998, p. 22).

Depois de alertar para o fato de que não bastam, ao se lidar com o tema corpo em orientação sexual, as informações biológicas, define-se nos PCNs como deve ser considerado o corpo humano nesse trabalho: o corpo deve ser compreendido como um todo integrado, o que inclui emoções, sentimentos, sensações de prazer e desprazer, assim como as transformações nele vividas ao longo do tempo. Devem ser considerados também os fatores culturais que intervêm na percepção do corpo, incluindo as dimensões biológica, psicológica e social (Brasil, MEC, 1998, p. 22).

O que se pretende, segundo os PCNs, ao abordar o corpo é: favorecer a apropriação do próprio corpo pelos adolescentes e contribuir para o fortalecimento da autoestima; facilitar o respeito ao próprio corpo e aos sentimentos; questionar quanto ao padrão de beleza cultural; discutir as expectativas e fantasias quanto à primeira experiência sexual; discutir e tematizar os impulsos eróticos percebidos e vividos no corpo. Não se deve, ao se trabalhar o corpo, desvinculá-lo dos significados culturais que lhe são atribuídos, pelo contrário: é preciso que se mostre aos alunos a importância e a função dos aspectos culturais da sexualidade humana, tendo sempre em mente que o corpo humano está para além do biológico, assim como a poesia está para além de uma simples junção de palavras.

Como já é capaz de ser sujeito e objeto de si mesmo, o jovem vivencia e, ao mesmo tempo, é espectador de seu corpo e das transformações pelas quais ele passa ao longo da puberdade e da adolescência. Isso gera, muitas vezes, ansiedade, angústia, comumente a preocupação em ser, ou não, normal. Essa vivência obriga uma série de objetivos do trabalho com o corpo em orientação sexual, dos quais quero destacar, além daqueles já vistos nos PCNs, que é preciso haver espaço para a conscientização e a expressão desses sentimentos (às vezes tão contraditórios) vividos acerca da corporeidade, especialmente aquelas vivências mais estritamente sexuais, como a possibilidade da reprodução, o tamanho dos seios ou do pênis, os novos prazeres descobertos no e através do corpo. Tal espaço possibilitará a revisão ou a criação de valores sobre a sexualidade e sobre o próprio corpo, além da troca desses valores entre os membros do grupo. Temas como aborto, prazer corporal, anatomia e fisiologia reprodutivas, corpo e autoestima, métodos anticoncepcionais, dentre outros ligados à corporeidade, são contemplados, em meio a outros tópicos.

De maneira geral, o corpo é assunto frequente nas conversas dos adolescentes. É também assunto ligado a valores, não raro permeado de adjetivos, os quais são, por sua vez, fundamentais para a autoestima dos jovens. O contato com o corpo, a percepção das imensas e inúmeras mudanças que acontecem no corpo desde a puberdade e até a idade adulta, o cuidado que implica a assimilação e o ajustamento criativo ao novo corpo que emerge da puberdade, são temas centrais na adolescência. Decorre daí a atenção ao cuidado de se trabalhar o corpo como uma construção sociocultural e não apenas algo que é dado biologicamente. Isso é importante na medida que, ao se trabalhar o corpo, trabalha-se a base da existência e da identidade pessoal, existência e identidade que só possuem e dão sentido se entendidas imersas em uma cultura e em possibilidades de convivências.

Pensando no aspecto educacional, pensando no corpo na escola, se dermos um breve olhar histórico, logo perceberemos que em nossa cultura o conhecimento está geralmente associado à mente, ao intelecto, em detrimento do corpo. Desde muito tempo, até os dias de hoje, as teorias sobre educação falam prioritariamente sobre a aprendizagem intelectiva, quase como se ela pudesse se dar apesar do corpo, ou apenas em uma parte do corpo, e não no corpo como um todo.

Ao aprendermos, somos ensinados principalmente a lidar com símbolos: quanto mais uma pessoa avança no processo de aprendizagem lidando com menos coisas concretas, mais abstrato se torna seu conhecimento. Nas escolas mais modernas e mais apoiadas em métodos renovadores de ensino, podemos observar que nos primeiros anos de estudo, alguma atenção é dada ao corpo da criança, notadamente no que concerne ao lidar com as coisas concretas. À medida que a criança vai caminhando em sua escolaridade e ampliando sua capacidade de abstração, o corpo vai sendo deixado de lado, como se fosse necessário apenas nos primeiros anos escolares.

A criatividade não é filha apenas da mente, e sim cria de um organismo integrado por corpo e mente, um todo indissolúvel que nossa cultura dicotomiza. Ao descuidar do papel do corpo na aprendizagem, a escola descuida também do papel da criatividade no desempenho das pessoas, diminuindo-lhes as possibilidades de alcançarem a competência existencial tão necessária na luta por uma vida mais digna e mais responsável.

A maioria das escolas se torna mais mecanicista e menos humanista, com efeitos perigosos sobre o processo de aprendizagem. Formam pessoas que têm uma imensa capacidade de repetir o conhecido e muito pouca coragem para experimentar novos caminhos, para ousar, para criar. E esse caminho tão cruel começa pelo desleixo para com o corpo no processo educacional.

O corpo é a base para a identidade, pois é a partir dele que começamos a perceber a noção de eu, e é através do corpo que continuamos esse processo pela vida afora. Percebemos o mundo através do corpo, exploramos o mundo através do corpo, damo-nos conta de quem somos e do que queremos através do contato com o corpo, somente existimos corporalmente, e ainda assim na escola ele tem tão pouca atenção.

O corpo é a base do prazer, pois todo prazer é corporal. Não há como sentirmos prazer se não temos um bom contato com nosso corpo. O prazer facilita liberdade, criatividade, consciência, assertividade, excitação, coisas não raro assustadoras dentro de uma escola. Porque alunos que têm prazer em estudar são alunos inquietos, questionadores, curiosos e atentos, exigentes quanto ao que recebem de seus professores e da escola.

Madalena Freire diz que:

> *O educador educa a dor da falta, cognitiva e afetiva, para a construção do prazer. É da falta que nasce o desejo. Educa a aflição da tensão da angústia de desejar. Educa a fome de desejo.* (1992, p. 11)

Atentemo-nos para essa frase de Madalena Freire, vejamos os termos que ela usa quando se refere ao educador. "Dor", a gente sente no corpo. "Prazer", só pode ser percebido no corpo. "Desejo", depende de percepção cinestésica. "Aflição", "angústia", "fome", são sensações (portanto, corporais). Aprender demanda ver, ouvir, falar, sentir, demanda o corpo presente e vivo. É esse corpo que devemos buscar levar para a escola, o corpo vivo, o corpo excitado e curioso. O corpo envolvido, presente, participante e inquieto. "Ensinar e aprender são movidos pelo desejo e pela paixão", completa Madalena Freire (1992, p. 11).

Penso que é importante que a escola esteja atenta às potencialidades que o cuidar do corpo traz para a educação. Não basta que o corpo apareça nas preocupações escolares apenas no que diz respeito a como controlá-lo na busca de uma disciplina útil apenas para formar pessoas obedientes e passivas. Não basta olhar apenas para o corpo do aluno que padece alguma disfunção, estudar o corpo em aulas de anatomia e nem tentar modelar o corpo em exaustivas aulas de educação física. Não podemos olhar para o corpo como se a abstração fosse possível sem ele.

É interessante que quando se fala em educação de deficientes, nunca se deixa de lado o aspecto corporal. São diversas as técnicas, são muitos os exercícios, são várias as teorias que procuram facilitar ao deficiente o máximo de aprendizagem possível, todas passando por cuidados corporais, por aumento do limiar de percepção, por inúmeros e tão proveitosos exercícios fisioterápicos e de psicomotricidade. Na educação de pessoas normais, o corpo é deixado de lado, como se bastasse que ele não tenha problemas para ser ótimo. Se a genética diz estar tudo bem, se não há nenhum problema neurológico, anatômico ou fisiológico, então o corpo é esquecido. Com o deficiente, cuida-se do corpo porque ele já tem os limites que sua deficiência lhe impõe. Mas não tornemos proficiente quem é eficiente.

Qual a palavra, então, para mudar esse quadro de desleixo para com o corpo? Penso que não é uma, mas são duas palavras: encorajamento e respeito.

Encorajamento para que o aluno mantenha sempre acesa dentro de si a chama da curiosidade. Encorajamento para que ele descubra que curiosidade requer tenacidade e pesquisa. Encorajamento para que ele não perca de vista o prazer de aprender.

Respeito para com suas tentativas, ainda que desengonçadas. Respeito para com o que ele já sabe. Respeito para com sua excitação e para com sua vivacidade. Respeito para com seu desejo.

Penso que para o adolescente é importante mais do que nunca um cuidado com o corpo. É na adolescência que o corpo mais se modifica, trazendo nesse processo mudanças cognitivas mais do que significativas. É exatamente nesse momento que a capacidade de abstração se realça e, por isso, o cuidado com o corpo se torna essencial.

O adolescente está num momento fundamental para a consolidação de sua identidade, um momento de rápidas e definitivas mudanças corporais. Ele será tão mais saudável quanto melhor for seu contato corporal. Ele será tão mais responsável socialmente quanto mais responsável for com seus sentimentos e com suas sensações.

Conhecer-se-á mais na medida em que tiver maior liberdade para conhecer e explorar sua corporeidade e seus limites. Aprenderá mais e melhor se souber lidar prazerosamente com o estudo. E prazer depende de se entrar de corpo e alma numa atividade.

RELAÇÕES DE GÊNERO

É a partir de um conceito mais amplo de corpo que Robert Stoller (1993, p. 21) diferencia os termos *sexo* e *gênero*. Para Stoller, sexo diz respeito aos aspectos biológicos, à consciência do sexo a que se pertence biologicamente, definindo o macho e a fêmea; o gênero vai dizer respeito aos aspectos culturais e individuais dessa consciência, definindo o masculino e o feminino. A identidade sexual é constituída pela identidade de sexo e pela identidade de gênero. É a esse segundo aspecto da identidade sexual, um dos temas obrigatórios em orientação sexual na escola, que darei atenção agora.

Ao se delimitar esse tema no trabalho de orientação sexual, estamos tratando de fenômenos sociais e objetivando colocar luzes sobre as diferenças existentes entre os seres humanos, ou seja, queremos diminuir ao máximo os preconceitos e as discriminações.

O conceito de gênero é cultural e se constrói sobre as diferenças biológicas entre os sexos, buscando cooperação social. É da ordem do gênero a definição do masculino e do feminino a partir dos conceitos biológicos de macho e fêmea. Quando tratamos de gênero, podemos delimitar melhor o que é natural e o que é construído em termos de sexualidade humana, vencendo preconceitos e respeitando as diferenças sociais como tais, e não como supostamente naturais.

A identidade de gênero é construída por cada pessoa a partir do cotejamento entre o que ela sente e percebe em si quanto aos seus aspectos de feminilidade e de masculinidade e do que a cultura na qual está imersa lhe impõe como atributos do feminino e do masculino. Como identidade, é, em muitos aspectos, derivada e dependente de circunstâncias pessoais e sociais, podendo variar de acordo com mudanças em alguns quesitos importantes, tais como idade e educação.

A finalidade do trabalho com as relações de gênero é, segundo os PCNs, lutar contra as relações autoritárias, buscar maneiras mais criativas e produtivas de se definir os conceitos de masculino e feminino, facilitar aos alunos a construção de maneiras de ser, para que não fiquem aprisionados pelos estereótipos de gênero. O propósito é que se possa flexibilizar os conceitos culturais acerca do que é coisa de homem e o que é coisa de mulher, a fim de que as diferenças pessoais possam ser vividas de maneira a facilitar que cada um desenvolva ao máximo seu potencial humano.

O Ocidente, como tantas outras culturas, baseia a cooperação social em uma divisão de tarefas entre os homens e a mulheres, resultando daí o que é considerado masculino e o que é considerado feminino. O gênero é construção inerente à sexualidade, de maneira que, nas aulas de orientação sexual na escola, deva ser abordado em busca de ampliação da criatividade nos relacionamentos dos homens e mulheres, com outros homens e outras mulheres, e de cada um consigo mesmo.

Quando se pensa nos preconceitos ligados à questão dos gêneros, levanta-se imediatamente a necessidade de um trabalho preventivo quanto à violência baseada em estereótipos fundamentados no gênero, além do cuidado para que a escola não seja, através de atitudes pouco atentas ao tema, também fomentadora de uma hierarquização de diferenças.

Hoje já não se pode mais acreditar que os comportamentos masculinos e femininos sejam determinados apenas biologicamente, uma vez que esses comportamentos são determinados prioritariamente pelos padrões culturais das sociedades. Tais padrões são garantidos pela educação, que faz a diferença entre masculino e feminino de maneira tal que nega até as diferenças individuais dentro da masculinidade e feminilidade. Nossa cultura (falocêntrica) coloca como o domínio do feminino a esfera privada, ficando a esfera pública reservada ao masculino, embora nas últimas décadas esse padrão esteja mudando, principalmente em função das conquistas das mulheres. Esse momento de início de um novo século e de tantas mudanças no mundo, é extremamente propício para que se questionem as antigas e teimosas definições do que é ser homem ou mulher no Ocidente, além de ser um momento especialmente fértil para que possamos desenvolver novas maneiras de relação entre os gêneros.

Inclui-se no tema *relações de gênero* o trato com a homossexualidade, uma vez que esse tema tem relação direta com a masculinidade e a feminilidade. Alguns comportamentos, um pouco diferentes do esperado para um gênero, podem ser vistos como um comportamento homossexual, mesmo que não o seja. Um rapaz mais delicado ou uma menina mais atirada dão indícios de serem homossexuais mesmo que não o sejam. Um tanto pior: alguns jovens, ainda indecisos quanto à própria identidade sexual, podem se confundir mais ainda se acreditarem no estereótipo cultural e se definirem por um ou outro gesto. Como muito bem é lembrado nos PCNs (1998, p. 32): "Há tantas maneiras de ser homem ou mulher, quantas são as pessoas. Cada um tem o seu jeito próprio de viver e expressar sua sexualidade".

A homossexualidade está relacionada com as construções sociais dos padrões de gênero. Para trabalhar orientação sexual com esse assunto, é imprescindível que se compreendam as diversidades humanas e que se busque ampliar a capacidade dos jovens para aprender a respeitar e conviver com as diferenças.

Nas palestras que tenho feito para educadores, um dos temas que mais tem sido alvo de questões e de comentários é o da homossexualidade. O tema é muito complexo e amplo para que eu possa desenvolver aqui considerações mais aprofundadas, mas há algumas ideias básicas que desejo discutir.

Compartilho com Edgar Morin (2000, p.36) a ideia de que para que o conhecimento seja pertinente, a educação deve tornar evidentes o contexto, o global e o multidimensional; compartilho também com Robert Hopcke (1993, p. 69) a ideia de que a posição homofóbica da sociedade é muito mais patologizante que a própria homossexualidade. Enquanto psicoterapeuta e educador, acredito que a melhor maneira de combatermos um preconceito é elucidando-o através de uma contextualização que respeite a complexidade humana.

Podemos afirmar sem medo de errar que a homossexualidade é encontrada em todas as culturas humanas, em todas as épocas históricas, em todas as camadas sociais, nos mais diversos ambientes rurais ou urbanos. O que varia – e varia muito – é a maneira como a homossexualidade é tratada em cada cultura, época ou em cada ambiente.

Em algumas culturas, como na Grécia clássica, por exemplo, relações homossexuais tinham principalmente o significado de um ritual de iniciação para os jovens. Ao entrar na puberdade, como forma de marcar a passagem para a idade adulta, os jovens mantinham relações homossexuais com um adulto encarregado de sua educação. Ao se tornarem adultos, esses vínculos e essas relações eram abandonados. Isso não quer dizer, como geralmente se acredita, que a homossexualidade era plenamente aceita pelos gregos na época clássica: numa sociedade cujo valor maior era o homem livre, representado pela figura masculina altiva e dominadora, relações homossexuais não eram exatamente bem-vindas. Também entre os hebreus e entre os romanos a homossexualidade, notadamente a masculina, não era bem-vista, mas era mais tolerada, na medida em que era vista como "uma prática e um ato sexuais entre outros... uma escolha (ocasional ou definitiva) de parceiros sexuais. Uma atividade" (Chaui, 1990, p. 31).

Na cultura ocidental, historicamente essa tolerância para com a homossexualidade tem oscilado. Como entender, ainda que minimamente, de que forma se fundamenta em nossa cultura a visão preconceituosa sobre a homossexualidade?

Penso que estamos diante de uma questão de fundo eminentemente moral. Sendo uma questão moral, em nossa cultura é uma questão religiosa, pois, como sabemos, a religião, especialmente o cristianismo, tem uma importância para a sociedade ocidental que vai além das fronteiras da própria religiosidade, ou seja, a importância da religião é também moral, abarcando os aspectos sociais, educacionais e até políticos da cultura.

Olhando historicamente, perceberemos que ao longo dos séculos houve um movimento contra a homossexualidade, promovido especialmente pela religião e por soberanos que não aceitavam a prática homossexual em seus reinos. Segundo Dias, (1998, p. 06), isso é verdade na Itália, na França, na Inglaterra e em outros países europeus, nos quais encontramos essa postura de condenação à homossexualidade, embora a prática homossexual continuasse ocorrendo veladamente. No século XIV a moral sexual centrava-se nos comportamentos e não nas pessoas, mantendo uma visão pessimista da sexualidade. Ainda, segundo Dias (1998, p. 06):

> A peste negra dizimou grande parte da população europeia entre 1348-1350. Isso trouxe a preocupação com a repopulação, auxiliando na condenação da sodomia, através do argumento de que ela significava uma ameaça ao reequilíbrio populacional.

A partir dessa época e durante muito tempo, a homossexualidade passou a ser associada com a feitiçaria, levando muitas pessoas para as fogueiras da Inquisição. Em outros termos, e segundo Chaui (1990, p. 31), em nossa cultura a homossexualidade transformou-se de prática sexual em classificação social: "De atividade, transformou-se num modo de ser que determina todas as outras atividades e o destino pessoal de alguém".

Dando um salto na história da civilização ocidental, chegamos ao desenvolvimento das ciências e ao advento do capitalismo, fatos que provocaram mudanças na moral sexual. Se até essa época a religião era praticamente a única instância reguladora da moral sexual, a partir daí ela começa lentamente a dividir esse papel com a medicina e a economia, resultando numa certa secularização do mundo ocidental. É aí que surge o termo "homossexualidade", por volta de 1869, em um panfleto anônimo, tendo sido utilizado pela primeira vez na língua inglesa em 1890, quando Charles Gilbert Chaddock fez a tradução de *Psychopathia Sexualis*, de R. Von Krafft-Ebing.

A princípio, a medicina compactuou com a condenação religiosa, classificando a homossexualidade como uma doença, uma perversão, portanto, algo a ser tratado. Somente no século XX, com o relatório Kinsey, de 1948, e com a retirada da homossexualidade da lista de distúrbios mentais, em 1973, começou a se abrir a possibilidade de a medicina considerar a conduta homossexual como não patológica.

Com relação à economia, a questão é mais delicada e mais controversa, de maneira que somente poderei esboçar as grandes linhas sobre a regulação da sexualidade pelo mercado. Começo relembrando que a principal característica de nossa sociedade hoje é ela ser uma sociedade de consumo que se baseia em um encorajamento dos traços narcisistas da personalidade e na provocação de uma indiscriminação entre desejo e necessidade. Por ter essas características centrais – o incentivo ao consumo e o narcisismo – a cultura ocidental globalizada é, no mínimo, paradoxal quanto à homossexualidade. Por um lado, como os homossexuais constituem um segmento importante de consumo, acaba-se por gerar, como efeito não intencional, uma redução no preconceito; por outro lado, narciso tem muita dificuldade em conviver com as diferenças e por isso é muito preconceituoso. A aparente maior liberdade que as pessoas homossexuais têm nos dias de hoje está ainda muito mais baseada numa indiferença que em uma aceitação, ou seja, até que as pessoas possam realmente conviver respeitando as diferenças sem encará-las como defeitos, ainda há muito o que se fazer.

Não há dúvidas de que, quer seja na religião, quer seja na medicina, quer seja na economia, o preconceito contra a homossexualidade anda diminuindo. Mas também não há dúvidas de que ele ainda é muito forte, mais forte do que seria desejável. Acredito que uma das ferramentas que temos para que se possa melhorar essa situação, para que se possa combater esse preconceito, é o trabalho de orientação sexual nas escolas, principalmente se ele tiver como uma de suas propostas ser um trabalho que incentive a sensibilidade solidária. Em outros termos, o que quero dizer é que no trabalho de orientação sexual nas escolas é preciso que a dimensão ética esteja presente para que se possa facilitar às pessoas a possibilidade da empatia e da compaixão, matrizes de uma postura solidária. De acordo com Sung, é por isso que se deve enfatizar a expressão *sensibilidade solidária*, pois é importante mostrar que, no aspecto ético, "a solidariedade é uma atitude capaz de respeitar as diferenças e se interessar pelos problemas da coletividade, principalmente dos que estão sofrendo mais com a situação" (Assman; Sung, 2000, p. 75).

Acredito que somente quando a empatia vier a ser um valor importante em nossa sociedade poderemos alcançar a possibilidade de realmente convivermos com as pessoas homossexuais sem discriminá-las por suas atividades sexuais e, principalmente, sem denominá-las e nem nos denominarmos pelas atividades sexuais exercidas. Esse raciocínio vale também para as formas de se lidar com as diferenças entre homens e mulheres. Também, nesse caso, valores relacionados à solidariedade, à empatia e a uma melhor convivência com o diferente, são chaves para uma sociedade mais justa e livre.

De forma geral, o processo de educação sexual no Ocidente não é favorável à solidariedade entre os gêneros, dentre outros motivos porque nossa sociedade não lida com a sexualidade de uma maneira solidária, considerar, sim pelo contrário: para nossa cultura, a sexualidade é muito mais um campo de disputas que de encontros. Também essa lacuna deve ser preenchida pelo trabalho preventivo da orientação sexual.

Não devemos nos esquecer de que a adolescência é um período especial na vida dos seres humanos, pois é uma etapa marcada por fortes contrastes: idealismos sinceros, generosidade a toda prova, sensibilidade à arte, egoísmo como nunca, irritabilidade, angústias profundas, autocentramento mal delimitado, polaridades em alternância às vezes entontecedora. Como essa pessoa se encaminhará na vida adulta, se no sentido de uma postura de maior ou menor disponibilidade para a solidariedade, dependerá, em grande parte, dos estímulos que receber em seu processo educacional. Além disso, ou até por causa disso, a adolescência é um período especialmente indicado para tratar das questões relativas ao gênero, uma vez que, além das transformações corporais inerentes à idade, há no adolescente duas outras características que facilitam as discussões sobre o tema: a primeira característica adolescente é uma capacidade de utopia e uma esperança de transformar o mundo que não terá paralelo em nenhuma outra época da vida; a segunda característica que facilita as discussões sobre gênero é uma certa dificuldade em lidar com as nuances que a sexualidade recém-descoberta e recém-apossada traz. O que se pretende com o trabalho dos gêneros em orientação sexual é possibilitar às pessoas se perceberem como sujeitos ativos em suas vidas, criadores e criaturas do complexo sistema social em que habitam.

O trabalho de orientação sexual na escola é destinado a discutir valores. Por isso ele é um trabalho perigoso e que exige atenção sem fim do professor para que ele não imponha aos alunos valores que pertencem a ele, professor. O mais importante é que os alunos possam discutir os valores e assim, no mínimo, terem mais consciência sobre como constroem seus próprios valores.

Pesquisas de comportamento com jovens mostram antigos estereótipos funcionando ainda entre eles. Tais estereótipos dizem respeito, principalmente, ao papel do homem e da mulher quanto à iniciativa sexual, à virgindade, à masturbação, à homossexualidade e aos cuidados quanto à prevenção das DSTs. Há muito o que se discutir ainda. Há muito o que se alcançar ainda no que diz respeito à empatia e à solidariedade entre os gêneros.

Peres comenta que, o namorar e o ficar, são caminhos no sentido de se aprender mais sobre as relações de gênero e intimidade. Fala também sobre as reações corporais diferentes em homens e mulheres, sobre fantasias sexuais, sobre masturbação, para concluir: "A diversidade nas formas como as pessoas vivem sua sexualidade indica que: o normal é ser diferente" (Peres, 2000, p. 43). Esse é, ao meu modo de ver, o raciocínio-chave no que se refere ao gênero: se conseguirmos levar aos adolescentes a confiança de que cada um possui seu jeito único, individual, particularíssimo de ser, homem ou mulher, de que cada um tem seu jeito pessoal de ser heterossexual, homossexual ou bissexual, já teremos dado cabo de uma grande parte dos sofrimentos ligados à sexualidade na cultura ocidental.

Uma vez que já se viram os pressupostos mais abrangentes sobre o trabalho em orientação sexual com as relações de gênero, resta agora ver o último dos temas básicos: o das doenças sexualmente transmissíveis e a Aids.

PREVENÇÃO DE DOENÇAS SEXUALMENTE TRANSMISSÍVEIS/AIDS

O trabalho com as DSTs em orientação sexual, não deve ter um cunho assustador que associe a sexualidade com a doença; pelo contrário, ele deve centrar-se na questão do cuidado higiênico, enfatizando a prevenção de doenças e a promoção da saúde, tendo a valorização da vida como tema de fundo. O que se pretende é facilitar a adoção de posturas e de atitudes responsáveis e solidárias, individual e coletivamente falando. Procura-se também trabalhar no sentido de se vencer a discriminação e o preconceito contra os soropositivos, em busca de uma melhor convivência social.

O mesmo cuidado que se teve quando, por questões semânticas, mudou-se o nome das doenças venéreas (nome associado à deusa Vênus, deusa do amor na mitologia grega) para doenças sexualmente transmissíveis, preside hoje a prevenção da Aids: aquela ideia inicial que pregava que "Aids mata" deve ser abandonada por obsoleta e contraproducente, além de incentivadora de preconceitos – tudo o que se conseguiu com esse tipo de mensagem foi o aumento do medo, da angústia, das reações defensivas. Hoje, o que se pretende é trabalhar no sentido de que a Aids (como todas as DSTs) pode ser prevenida.

Principalmente por causa dos recentes avanços no tratamento da Aids, vemos hoje um risco de propagação da epidemia na onipotência típica do adolescente: cria-se entre os jovens duas ilusões perigosas: uma, baseada na noção da infalibilidade da ciência, a de que em breve se terá um remédio eficaz ou uma vacina contra a doença; outra, ainda mais ilusória, de que com os novos medicamentos, a Aids é uma doença sob controle.

Tão importante quanto trabalhar no sentido de se prevenir as DSTs/Aids, é trabalhar contra os preconceitos e os mitos que ainda facilitam a propagação dessas, bem como cuidar para que posturas mais solidárias sejam compreendidas e assumidas pelos alunos.

Quer seja no caso da Aids, quer seja no caso das outras DSTs, é importante trabalhar com os alunos o fato de que essas doenças não comportam mais a noção de que haveria grupos de risco para elas.

Há uma série de questões que envolvem a Aids e que devem ser problematizadas na orientação sexual (essas questões estão também presentes quando se pensa na prevenção de outras DSTs). Sinteticamente, são elas:

a) Mito da fidelidade;
b) Mito da passividade feminina;
c) Mito da autoridade médica;
d) Preconceito contra o portador do vírus HIV;
e) Preconceito profissional e institucional;
f) Preconceito do uso de preservativos.

Destacam-se questões vinculadas a questões emocionais:

a) Onipotência;
b) Idealização;
c) Negação;
d) Vergonha;
e) Rejeição e desconfiança.

Uma vez que já discutimos os aspectos básicos da orientação sexual na escola segundo os PCNs, quero tratar agora, ainda que sumariamente, de outras questões ligadas ao trabalho com a sexualidade na escola. São questões que dizem respeito, principalmente, ao aspecto prático do trabalho e que eu espero que possam servir de incentivo a iniciativas pautadas pela inventividade e postura crítica dos educadores frente ao tema.

ALGUMAS QUESTÕES PRÁTICAS

Como deve agir a orientação sexual para atingir seus objetivos? O principal caminho é pelo debate. Experimentos, fantasias, desenhos, jogos, trabalhos corporais, trabalhos com expressões artísticas, enfim, são diversos os recursos didáticos, mas o debate é básico, fundamental, necessário, imprescindível. E para que esse debate seja pertinente e proveitoso algumas condições são essenciais, como nos lembra Carl Rogers:

> *Precondição: Haver um líder ou pessoa que é considerada como figura de autoridade numa dada situação, tão seguro de si e de seu relacionamento com os outros, que experimenta uma confiança essencial na capacidade das pessoas pensarem por elas.*
> *— A pessoa facilitadora compartilha com os alunos a responsabilidade pelo processo de aprendizagem;*
> *— O facilitador proporciona os recursos de aprendizagem de dentro de si mesmo e de sua própria experiência, de livros, materiais ou de experiências da comunidade;*
> *— Proporciona-se um clima facilitador de aprendizagem. Aparece um clima de realidade, de cuidado e de atenção compreensiva;*

> – A disciplina necessária é a autodisciplina;
> – Nesse clima que promove o crescimento, a aprendizagem é mais profunda e se desenvolve num ritmo mais rápido, sendo mais útil para a vida e para o comportamento do aluno que a aprendizagem adquirida na sala de aula tradicional. (1978, p. 132)

Tal trabalho, principalmente por ser feito em grupo, vai permitir ao jovem colocar-se como pessoa, debatendo temas polêmicos e importantes para seu posicionamento existencial, em meio a outros jovens, seus iguais. Isso facilitará o encontro com a sensação de pertinência ao grupo e à vida, bem como a diferenciação com relação aos outros, pontos essenciais para o estabelecimento de uma identidade pessoal e social, sólida e sadia.

O grupo traz presença, pertinência e provoca a permanência. Possibilita a cumplicidade, matriz da intimidade. Olho no olho, ouvidos atentos, a fala disparada, pausada, no ritmo possível, experimentando, acrescentando, crescendo através do confronto. Aprendendo que muitos são os caminhos possíveis, e somente um, o pessoal. Descobrindo que a dúvida é universal, que o medo pode ser encarado se houver solidariedade. Quebrando narcisismos, envolvendo emotividades, mostrando que, além de mim e comigo, há o outro. O outro revelador de si e de mim. O companheiro, diferente, complementar, concorrente, presente, respeitador. Respeitado, indeciso, cheio de possibilidades. Incapaz, capaz, humano, compreensível. Com amor, como no amor.

Nesses grupos de alunos das aulas de orientação sexual, embora não seja obrigatório, penso que o professor deve facilitar para que surjam grupos mistos, em vez de um grupo de meninos e outro de meninas, condição boa apenas como exceção. O grupo misto facilita a ultrapassagem de barreiras da timidez, abrindo aos jovens canais para que no futuro desenvolvam relações mais íntimas e profundas com pessoas do outro sexo. Facilita também um maior conhecimento sobre as vicissitudes e os pontos de vista do sexo diferente do seu, o que, se não acaba com o mistério das diferenças, suaviza seu impacto e propicia a aceitação e o respeito por esse misterioso designo humano.

Penso que um dos fenômenos mais importantes para a orientação sexual é a linguagem. Em grande parte, é através da linguagem que nos revelamos a nós mesmos e ao mundo. A fala é ação sobre o mundo, ação efetiva e demarcadora de espaços, ação que define e diversifica. Uma das coisas que nos diferenciaram dos outros animais é a capacidade de linguagem, assim como nos diversifica e nos identifica em nosso meio social. É através dela que nos expomos ao mundo e a nós mesmos, é através da fala que elaboramos nossas ideias e nossas crenças.

Ao se lidar com adolescentes e se permitir que tenham um canal por onde expressar suas angústias, conquistas, descobertas e seus medos, estamos propiciando que eles tenham um meio protegido para fazerem suas descobertas e se posicionarem diante da vida. Falar amplia as fronteiras pessoais, na exata medida em que é exploração e confirmação. Falando, a pessoa se expressa; exprimindo-se, cada ser tira de si o que de mais substancioso pode ter.

Além disso, e se levarmos em conta que um dos propósitos da escola é levar seus alunos à descoberta e ao uso de uma linguagem mais culta, não resta dúvida de que, se discutir em grupo a sexualidade, facilitará ao jovem encontrar com maior tranquilidade uma maneira mais educada, mais pertinente e menos chula de se referir ao sexo, ampliando as possibilidades de um contato mais respeitador, alegre e aberto para com as pessoas com quem se relaciona.

Quanto ao programa, é importante que os alunos possam ter sempre em mente que o curso é feito por eles e para eles, funcionando o professor apenas e tão somente como um facilitador de aprendizagem, bússola a orientar caminhos possíveis e sempre pessoais e intransferíveis. Não há mestres entre os homens, apenas auxiliares, já nos ensinou Sócrates.

Na elaboração do programa para o ano letivo, a curiosidade e as necessidades dos jovens deverão ser sempre respeitadas. Penso que deve caber a eles a escolha dos temas a serem tratados, cabendo ao professor fazer sugestões. Uma vez escolhido o programa, deve ficar claro que esse programa não é inflexível, podendo ser alterado se novos desejos ou novas curiosidades surgirem.

O professor poderá passar para os alunos uma lista de temas possíveis, procurando atender às linhas básicas do conteúdo da orientação sexual formulados nos PCNs. É necessário não prescindir de sugestões dos alunos que se acrescentem a essa lista. Cada grupo escolherá seu programa, devendo o professor, em função de sua maior experiência, determinar a ordem em que os assuntos serão estudados. Alguns dos temas podem ser colocados como obrigatórios pelo professor, exigindo uma negociação; penso que para uma sétima série, por exemplo, o tema da contracepção deva ser obrigatório, ainda que os alunos já o tenham estudado antes, uma vez que os alunos dessa série, em sua maioria, já dispõem de condições biológicas para a concepção.

A lista de temas entregue pelo professor deverá ser a mais abrangente possível, embora nunca conclusiva. Algumas sugestões de temas: puberdade, adolescência, masturbação, pornografia, erotismo, sexo "normal e anormal", doenças sexualmente transmissíveis, Aids, namorar e ficar, casamento e acasalamentos, primeira experiência sexual, aborto, homossexualidade, violência sexual, gravidez, gravidez na adolescência, virgindade, papéis de gênero, disfunções sexuais, prostituição, relação sexual, a primeira relação sexual, contracepção, drogas e afrodisíacos, identidade masculina, identidade feminina, conversa com os pais sobre sexualidade, beijos e carícias sexuais, menstruação e tensão pré-menstrual, anatomia genital, o corpo humano em relações interpessoais, história da sexualidade, a fecundação, hermafroditismo, amor, timidez, paquera, fantasias sexuais, mitos e crendices, orgasmo, ciúmes, a mídia e a sexualidade, a sexualidade do jovem brasileiro, entre outros.

É importante deixar claro que não acho que todos esses temas devam ser apresentados para todas as turmas do Ensino Fundamental: alguns desses temas — como, por exemplo, sexo "normal e anormal" – geralmente não teriam cabimento numa turma de quinta ou sexta séries.

Uma vez passada a lista para os alunos, o professor deverá colocar na lousa as datas previstas para as aulas e orientar os alunos na escolha dos assuntos e das datas para cada assunto.

Importante também é uma atenção especial para com os alunos que não conseguiram colocar entre os temas escolhidos aqueles de sua preferência, para que não se sintam desmotivados a continuar o curso.

Feita a escolha dos temas e determinadas as datas das aulas, deverá ser feito um "contrato" com os alunos a respeito de como serão ministradas essas aulas. Minha experiência indica que se deve combinar com os alunos, a princípio, qual atitude deve ser tomada no caso de não haver alguma aula, seja por falta do professor, seja por alguma atividade extracurricular (excursões, por exemplo) programada pela escola. Sugiro que se combine que as datas marcadas não sofrerão compensação, isto é: não havendo aula em uma determinada semana, na semana seguinte será a vez do tema previsto para aquela semana. Isso facilitará as coisas no decorrer do ano, pois, se não se faz esses arranjos, é comum aparecerem reclamações e discussões desgastantes quando se perde alguma aula.

A discussão e a explicitação das normas e regras que orientarão o grupo é fundamental para que suas atividades sejam desenvolvidas de forma segura e confiante. É preferível que tais normas e regras – a que chamaremos contrato – sejam estabelecidas pelo próprio grupo, com orientação e supervisão do professor.

O fundamento do contrato é como os encontros poderão ocorrer ao longo do ano letivo, ou seja, o que será permitido no grupo e o que deverá ser evitado. Esse contrato deverá ser discutido por todos os membros do grupo, até que se chegue a um consenso básico.

Penso que a questão do sigilo é fundamental para o contrato: deverá ser obtido um compromisso de não se passar para outras pessoas o conteúdo das conversas, compromisso ao qual se sujeitará também o professor. Deve-se orientar que é possível falar com outras pessoas (professores, colegas, pais etc.) sobre o tema debatido, resguardando-se a forma como o tema for abordado, bem como as opiniões emitidas por cada participante. Cada aluno poderá até contar, se assim o desejar, o que falou, mas deverá manter segredo sobre o que ouviu de seus colegas. Isso tem o propósito de facilitar o surgimento da confiança em cada participante do grupo, uma vez que, confiantes de que não serão julgados pelo que disserem, eles poderão se explorar mais e vencer com maior conforto possíveis (e prováveis) inibições.

A questão da atenção ao que a outra pessoa fala, bem como a do respeito às opiniões diferentes ou divergentes, deve ser explicitada. Colocações pessoais — inclusive por parte do professor — devem ser evitadas em princípio.

Parece-me que a presença no grupo não deva ser compulsória, devendo ser, antes, objeto de desejo do que de obrigação perante a escola. A audiência do aluno às aulas deverá ser necessariamente autorizada pelos pais. Importante me parece também lembrar aos alunos que sua presença e participação no trabalho de orientação sexual não terá nenhuma implicação em suas notas e avaliações durante o ano letivo.

Não custa lembrar que o trabalho com a orientação sexual na escola tem um caráter principalmente preventivo. Dentre outras coisas, ele auxilia também na detecção e no controle dos fatores causadores de desadaptação, pois a aprendizagem está diretamente ligada a fatores do desenvolvimento físico, emocional e cognitivo, bem como a fatores sociais e pedagógicos, além de ser tremendamente influenciada por condições psiconeurológicas, pela emoção, pelos sentimentos e pelos valores culturais de quem aprende e de quem ensina. Nesse sentido, é importante se levar em conta a enorme influência que a sexualidade tem no que se refere à identidade de cada pessoa. Penso que quanto mais integrada esteja a identidade do jovem, mais ele terá disponibilidade para a aprendizagem e autonomia. A orientação sexual busca facilitar essa autonomia do aluno, aumentando sua disponibilidade para a aprendizagem, pois quando alcançam uma maior clareza, uma postura mais honesta e ampla diante da sexualidade, os jovens se tornam mais adequadamente amadurecidos e emocionalmente mais seguros. Dessa maneira, tornam-se mais aptos a estabelecerem relacionamentos mais íntimos consigo mesmos e com os outros, percebendo mais claramente suas próprias carências, desejos, necessidades, vontades e seus limites, bem como tornando-se mais atentos aos outros.

A proposta da orientação sexual vai ao encontro do conhecimento gerado em uma série de ciências, desde a psicologia até a pedagogia, passando pela biologia, sociologia, filosofia, antropologia e por outras ciências que cuidam de compreender o ser humano enquanto *ser no mundo* em um determinado momento histórico. Esse trabalho educativo exigirá, de quem o conduzir, um amplo espectro de conhecimentos, principalmente, creio eu, no que se refere à psicologia e à pedagogia, a fim de que não se faça um trabalho iatrogênico.

O que tenho observado nas experiências que conheço com orientação sexual é que as pessoas que ministram as aulas na maioria das vezes se apoiam somente nos conhecimentos sobre a sexualidade, como se uma boa base teórica sobre a pedagogia fosse dispensável. Criam-se a cada dia novas ferramentas (jogos, moldes anatômicos etc.) que facilitam o trabalho do professor, mas muito pouca — ou nenhuma — atenção se dá para qual suporte pedagógico pode servir de base para o uso de tais instrumentos; pouca atenção se dá para a teoria pedagógica, para o como se dá a aprendizagem e como ela pode ser facilitada na sala de aula. Esse é um ponto no qual ainda temos muito o que desenvolver.

Ao fazer um programa para facilitar a aprendizagem de seus alunos, o professor deverá levar em conta os obstáculos que se impõem à aprendizagem, que poderemos considerar como provenientes de quatro aspectos: cognitivos, pedagógicos, afetivo-sociais e orgânicos.

Nunca é demais frisar que esses quatro aspectos não são de maneira nenhuma excludentes, mas que, ao contrário, se interpenetram e guardam estreita interação uns com os outros.

Tal cuidado deverá ser tomado com o fito de entender a relação dos alunos com o aprender, bem como o significado do aprender para cada um deles e para o grupo.

A proposta é de que se deixe de compartimentalizar o jovem determinando o que lhe pode ser contado e o que ele deve aprender por vias que nunca se normalizam. É fundamental que possamos olhar os alunos como pessoas totais em que cada área da personalidade influencia a outra e é por essa influenciada. Somos organismos, *corpo-mente* unidos numa só pessoa como aqui numa só palavra. A tendência das pessoas é pela autonomia, cabendo à sociedade e à escola facilitar para que essa tendência se realize.

Não tenho dúvidas de que quanto melhor uma pessoa está consigo mesma, melhor será sua disponibilidade para captar o mundo e para se colocar nele como elemento transformador, que é, em última instância, o que todos almejamos ser.

A escola tem um importante papel a desempenhar no que diz respeito a auxiliar o jovem a cumprir com maior desenvoltura a tarefa de tornar-se pessoa. Para grande parte dessa tarefa os educadores estão atentos, mas, como em quase todos os setores da vida, para a sexualidade a atenção ainda é tímida.

A orientação sexual deve ter como meta facilitar o redirecionamento dessa imensa energia que é a sexual, de forma que ela exista para o crescimento e não para a sedação; de forma que ela exista para a conscientização pessoal, social e política das pessoas, e não como meio de manipulação e de despersonalização. A orientação sexual é uma atividade pedagógica, uma arte de ensinar pela condução à reflexão, pela condução à possibilidade de se pensar com autonomia, à possibilidade de buscar novas fronteiras pessoais e novas maneiras de atuar criativamente diante da realidade. Por isso a base do trabalho com orientação sexual é a pedagogia, e por isso esse trabalho deve ser exercido preferencialmente na escola.

É importante repetir que a orientação sexual é terapêutica, mas não uma terapia. Não se trata de buscar fazer terapia em grupo (ainda que focal) na escola, lá não é ambiente para isso. Trata-se de fazer uma atividade grupal didática e pedagógica que poderá ter efeitos terapêuticos. Há uma óbvia diferença na verticalização que se pretende com a terapia e da que se pretende com o trabalho na escola. Os limites da orientação sexual são diferentes dos limites da terapia focal, bem como seus métodos e propósitos.

Tendo por base minha experiência e os tantos estudos que fiz até hoje, não tenho a menor dúvida ao afirmar que a orientação sexual, como um dos instrumentos de trabalho preventivo na escola, facilita a ocorrência da educação, isto é, de um caminho que propicie a ampliação das possibilidades do aluno.

O trabalho com orientação sexual na escola é preventivo, dentre outros motivos, porque possibilita a discussão sobre pontos importantes da existência de cada aluno, facilitando a explicitação da busca da beleza como um dos ideais da educação. A "fome da beleza" é presente nos seres humanos, mas tem sido negligenciada por nossas escolas, de forma geral baseadas na ideia de que a ciência pode prescindir da beleza em sua busca das respostas aos fenômenos da vida. Agindo assim, a ciência não dá o devido valor aos sonhos, aos desejos, à poesia do viver, temas especialmente caros à sexualidade. Também a ciência não se aproxima suficientemente do trágico da vida, as inevitáveis dores e os inexoráveis sacrifícios pelos quais cada ser humano inevitavelmente passará durante seu tempo nesse mundo, dores e sacrifícios que em grande parte têm relação com a sexualidade e com o amor.

O aspecto trágico da vida – geralmente tão negado em nossa sociedade narcísica – é deixado de lado pela ciência e pela escola, como se pudéssemos fazer de conta que ele não existe. O trágico tem relação direta com o desejo, pois é quando nos deparamos com o trágico que nos damos conta dos limites de nossos desejos diante da realidade. Os maiores dramas humanos são amorosos, embora nem sempre sexualizados, são situações em que os seres humanos se veem diante da necessária humildade para quem ama, uma humildade que depende da cuidadosa atenção ao desejo de beleza e aos aspectos simbólicos da existência.

A ciência – e, com ela, as escolas de forma geral – dá a necessária atenção à "fome de pão", também uma fome importante na medida em que amplia as possibilidades existenciais dos seres humanos. Mas isso não é suficiente: temos que olhar para a "fome de beleza" e para a "fome de criatividade", como igualmente importantes na formação dos jovens, sob pena de construirmos um país preocupado somente com outas coisas e pouco atento a seu povo, pouco atento a tão humana capacidade (e necessidade) de sonhar.

Rubem Alves comenta o que Émile Durkheim citou:

> *Os povos não são feitos meramente da massa de indivíduos que os compõem, dos territórios que ocupam, das coisas que usam, dos movimentos que executam. Eles são feitos, sobretudo, com as ideias que os indivíduos têm de si mesmos.* (p. 25, 1998)

Acredito que as ideias que as pessoas têm de si mesmas passam pelas ideias que essas pessoas têm sobre a sexualidade e sobre a própria vida sexual, pois é exatamente a sexualidade que denuncia e amplia o desejo de amor (o mais puramente humano). Lidar com as possibilidades de ampliação desse desejo é uma das tarefas, e o principal propósito da orientação sexual, o caminho através do qual ela se torna verdadeiramente educação.

Não que a sexualidade seja o único caminho para se lidar com o desejo. Não, longe disso! Ela é um dos caminhos. Mas é um dos caminhos mais importantes, porque é exatamente o caminho por onde a ideologia objetificadora de nossos tempos mais se faz presente em sua forma de convencer as pessoas que elas não passam de objetos compelidos a consumir e impossibilitados de sonhar.

A ORIENTAÇÃO SEXUAL E A FAMÍLIA DO EDUCANDO

Quero falar aqui um pouco sobre a necessidade de uma autorização formal dos pais para que os jovens participem das aulas de orientação sexual, pois esse é um ponto importantíssimo na montagem de um programa de orientação sexual. A presença dos alunos em sala deve ser autorizada por escrito pelos pais, pois sexualidade é um assunto ainda muito cercado de tabus em nossa cultura, e não é raro acontecer de os alunos quererem discutir em casa o que aprenderam nas aulas, muitas vezes causando constrangimento para os pais menos afeitos a conversarem sobre o tema. E mais ainda: a sexualidade é uma área na qual os valores pessoais dão a tônica e me parece importante que os pais saibam que tipo de conversas seus filhos estão tendo em sala de aula.

Então, mais do que exigir uma autorização por escrito dos pais, o educador deve convidá-los para uma conversa antes de iniciar o trabalho de orientação sexual. Nessa primeira conversa com os pais deve-se procurar explicitar como se pretende fazer o trabalho, quais seus propósitos e qual sua ideologia de base, não se esquecendo nunca de abrir um espaço bastante extenso para que os pais coloquem suas dúvidas e objeções, para que eles possam, enfim, se sentirem ouvidos e respeitados, confiantes de que não se pretende nada além de possibilitar a seus filhos um espaço onde possam desenvolver o autoconhecimento e superar com mais facilidade as tantas angústias e dúvidas que o tema desperta.

Penso que, além dessa reunião inicial, o educador deve fazer reuniões periódicas com os pais, para que eles também disfrutem de um lugar onde se possa discutir a sexualidade. Minha experiência me indica que essas reuniões são geralmente muito proveitosas e com consequências verdadeiramente enriquecedoras para a convivência familiar. Além disso, penso que é parte do papel do professor de orientação sexual estar acessível para pais que queiram ter alguma conversa particular no decorrer do ano letivo. Essas atitudes favorecem muito a criação de um clima de confiança entre a escola, o professor e os pais, uma confiança imprescindível para o trabalho. Afinal, se a meta é facilitar aos jovens que consigam uma vivência mais rica de sua sexualidade, não se pode deixar de lado a atenção àqueles que são os principais responsáveis pela educação sexual desses jovens.

Recapitulando: além de ser necessário que o aluno tenha autorização de seus pais ou responsáveis para poder frequentar as aulas de orientação sexual, é igualmente importante que se façam reuniões periódicas com os pais a fim de esclarecer suas dúvidas e de mantê-los informados acerca do trabalho realizado. No entanto, essa informação para os pais não passa por relatos sobre o que cada filho disse ou fez nas aulas, uma vez que, no início do trabalho com cada turma se faz um contrato com os alunos no qual fica claro que há um compromisso de sigilo e de respeito para com as manifestações dos alunos no grupo. Não custa lembrar que em orientação sexual na escola, segundo Marta Suplicy (ao citar o pensamento de Ribeiro):

> *Trabalha-se sempre na expectativa de não individualizar. Só o tema pode sair da sala de aula, não o que as pessoas falaram. É isso que chega aos pais: o assunto que foi tratado em aula.*
> (RIBEIRO, 1993, p. 35)

Se a orientação sexual deve começar pelos jovens e sua família, ela não pode se contentar apenas com eles. Um trabalho de orientação sexual que se destine também aos professores e aos funcionários da escola é altamente desejável, na medida em que permite que o trabalho do orientador se amplie e alcance um número maior de pessoas, abrindo o leque de condições que favoreçam o processo de aprendizagem. De preferência, tal trabalho deverá ser desenvolvido de forma que seja relacionado diretamente com os fatos vividos pelos professores em classe, pelos pais em casa, pelos funcionários em seus contatos com os alunos. Essa postura poderá ampliar as possibilidades de relacionamentos interpessoais, tão importantes no processo educativo. Poderá ainda facilitar a resolução de problemas que possam surgir no dia a dia dessas pessoas quando o contato com os jovens envolver assuntos pertinentes à sexualidade, embora possa também facilitar o contato de maneira geral.

Os professores e os funcionários da escola são disseminadores da educação sexual. Parece-me que é importante um contato formal do professor com seus colegas, criando um espaço semestral ou trimestral para discussão e esclarecimentos dos aspectos ligados à sexualidade.

Não são poucas as dúvidas que os professores de maneira geral têm com relação a como lidar com questões da sexualidade em sala de aula, de sorte que o contato formalizado com o professor de orientação sexual é, na maioria das vezes, desejado e bem aproveitado pelos outros professores.

Quero salientar a questão do contato formalizado – uma reunião com data e hora marcadas –, pois a conversa informal na sala dos professores não propiciará o clima de seriedade e de profundidade necessários para a abordagem de um assunto ainda tão polêmico.

Também os funcionários da escola, principalmente aqueles que têm um maior contato com os alunos, merecem atenção e cuidado formalizados do professor de orientação sexual.

Assim, lidando não só com os alunos, mas também com seus pais, seus professores e os funcionários da escola, o professor de orientação sexual estará cumprindo de maneira mais ampla e mais profunda seu verdadeiro papel, estará mais efetivamente aprimorando a educação sexual dada pela escola.

Voltando ao tema do trabalho com os pais, quero começar a comentar um pouco sobre a questão da orientação sexual na escola e a religião da família dos educandos. Referindo-se a trabalhos realizados em São Paulo, os pesquisadores do GTPOS (VV. AA., 2000, p. 105) dizem que quanto mais periférica e pobre é a região em que o trabalho é realizado, menos os pais se sentem autorizados a interferir no trabalho, chegando mesmo a haver pais que solicitam que se faça um trabalho com eles. Poucas famílias, por motivos religiosos, se negaram a autorizar a participação dos filhos no trabalho citado.

Para Marta Suplicy (ao citar o pensamento de Ribeiro, 1993, p. 34), negar autorização por motivos religiosos é uma atitude controversa: se o adolescente tem direito à informação, queiram ou não os pais, os pais têm autoridade sobre seus filhos, o que pode gerar consideráveis impasses.

De fato, as inter-relações entre a orientação sexual e a religião são um tema difícil e ainda muito mal trabalhado no Brasil. Esse tema será abordado no próximo capítulo.

CAPÍTULO 2

Subitamente
Na esquina do poema, duas rimas
Olham-se, atônitas, comovidas,
Como duas irmãs desconhecidas...

Mário Quintana

Este capítulo começa por uma aproximação sucinta entre a sexualidade e a religião. Além disso, verifico as interseções entre a educação sexual e a religião. Finalmente, começo a lançar questionamentos sobre o diálogo entre a orientação sexual e a religião.

SEXUALIDADE E RELIGIÃO

Para que se possa entender melhor as relações entre as religiões e a sexualidade, será necessário, primeiramente, levar em conta que, ainda que não se possa definir claramente se por causa da cultura ou por predisposições naturais, o ser humano é um ser religioso, independentemente de ele afiliar-se ou não a uma instituição religiosa. A religião permeia o imaginário humano e é uma das principais fontes de busca do sentido para a vida. Para Mircea Eliade, "o sagrado é um elemento da estrutura da consciência, e não um estágio na história dessa consciência" (1971, p. 10). Para Rubem Alves, "não se pode escapar da religião com a simples abstinência dos atos sacramentais ou a ausência dos lugares sagrados" (1989, p. 13). Com a secularização — que estudaremos mais detalhadamente no próximo capítulo —, as perguntas que no passado eram "religiosas" agora aparecem através de símbolos secularizados, de modo que "metamorfoseiam-se os nomes: persiste a mesma função religiosa". Então, para Alves:

> *Somos forçados a concluir não que o nosso mundo se secularizou, mas antes que os deuses e esperanças religiosas ganharam novos nomes e novos rótulos, e os seus sacerdotes e profetas, novas roupas, novos lugares e novos empregos.*

Para responder ao papel de propiciadora de sentido para a existência, um dos campos nos quais a religião determina uma conduta moral é o da sexualidade humana. Tal se dá porque também a sexualidade, um dos fundamentos básicos da identidade humana, tem estreita correlação com o sentido da vida, na medida que é através da sexualidade que grande parte do papel social das pessoas se expressa; além disso, a sexualidade é parte integrante dos mistérios da existência, dentre outros motivos porque é através dela que a vida se reproduz.

Alguns autores buscam uma compreensão histórica acerca dessa aproximação entre religião e sexualidade. Por exemplo, Eliade (*apud* Monick, 1993, p. 28) vê a sexualidade como um modo autônomo de conhecimento e que tem sido uma hierofania – e o ato sexual uma ação integral, portanto, um meio de conhecimento – desde sempre e em todo lugar, exceto no mundo moderno. Para Eliade, a sexualidade é uma função humana polivalente cuja suprema função talvez seja a cosmológica, de maneira que "traduzir uma situação psíquica em termos sexuais não significa de modo algum diminuí-la". A sexualidade tem também o sentido de revelar aos humanos o sagrado, o divino que está além do ego, de maneira que a religião está ligada à sexualidade. A sexualidade humana é um dos meios de se entrar em uma realidade sagrada e conhecê-la.

Pensando no aspecto da origem e do início das religiões e seus mitos, Eliade lembra que, se todos os atributos coexistem na divindade, é de se esperar que também os dois sexos ocorram de forma mais ou menos manifesta, pois:

> *A androginia divina não passa de uma fórmula arcaica da biunidade divina. O pensamento mítico e religioso, antes mesmo*

> *de exprimir esse conceito da biunidade divina em termos metafísicos (esse – non esse) ou teológico (manifestado – não manifestado), começou por exprimi-lo em termos biológicos (bissexualidade). [...] A verdadeira intenção da fórmula é exprimir – em termos biológicos – a coexistência dos contrários, dos princípios cosmológicos – quer dizer, macho e fêmea – no seio da divindade.* (1998, p. 342)

Eliade sustenta que, como o mito divino constitui o paradigma da experiência religiosa do ser humano, "ao mito da androginia divina corresponde toda uma série de mitos e de rituais relativos à androginia humana" (1998, p. 344). Depois de lembrar que em inúmeras religiões o "homem primordial", o primeiro antepassado, é visto como um andrógino, Eliade comenta que alguns rabinos "dão a entender que Adão também foi, por vezes, concebido como andrógino, de modo que o surgimento de Eva representa a cisão do andrógino primordial em dois seres: macho e fêmea".

A seguir Eliade comenta sobre uma série de rituais que tentam "reatualizar periodicamente essa condição inicial", para completar:

> *Em resumo, o homem experimenta periodicamente a necessidade de recuperar – nem que seja pelo tempo de um relâmpago – a condição da humanidade perfeita, na qual os sexos coexistiam como coexistem, a par de todas as outras qualidades e de todos os outros atributos, na divindade.* (1998, p. 345)

Há também um antagonismo entre o homem e a mulher que se expressa através da religião. Ao tratar de religiões antigas, Eliade afirma que:

> *Quando o antagonismo dos sexos é expresso em um contexto religioso, ele se ocupa menos de uma oposição sagrado-profano que de um antagonismo entre dois tipos de sacralidade, uma reservada aos homens, outra própria das mulheres.* (1971, p. 241)

Eliade cita como exemplo a Austrália (embora tal procedimento possa ser encontrado em outros lugares) onde a iniciação à puberdade visa separar o adolescente do mundo de sua mãe e das mulheres, e introduzi-lo no mundo sagrado dos homens. De igual maneira, as mulheres têm suas cerimônias sagradas às quais os homens não podem ter acesso impunemente. Eliade afirma que, mais do que isso:

> Os objetos culturais mais secretos, hoje em dia, acessíveis somente aos homens, foram originalmente reservados às mulheres, o que implica não somente em um antagonismo religioso entre os sexos, mas também o reconhecimento da superioridade original da sacralidade feminina. (1971, p. 242)

Eliade afirma que se encontram tradições análogas em outras religiões arcaicas, com a mesma significação, para concluir que "essa tensão antagônica entre os dois tipos de sacralidade exprime, no fim das contas, a irredutibilidade dos dois modos de *ser no mundo*, o do homem e o da mulher". Depois de dizer que seria em vão explicar a tensão religiosa entre os dois sexos em termos de psicologia ou de fisiologia, Eliade defende que os dois modos específicos de existir trazem também invejas e desejos inconscientes de conhecer os mistérios do outro sexo e de apropriar-se de seus poderes. Por isso:

> No plano religioso, a solução do antagonismo sexual não implica sempre a repetição ritual de um *hiéros gamos*; em um grande número de casos, esforça-se por transcender o antagonismo através de uma androginização ritual. (1971, p. 243)

Para os fins desse estudo, a compreensão da origem da religião (bem como o contato com alguns mitos que tratam dessa origem e com certas maneiras arcaicas de sacralidade) tem o propósito de lançar uma luz sobre como são antigas as relações entre a religião e a sexualidade, e também de lembrar como essas relações ainda são atuais, na medida que alguns dramas humanos, como, por exemplo, as relações inconscientes entre os dois sexos, pouco mudaram na história da humanidade. Se a sexualidade e a religião guardam proximidades tão antigas, certamente encontrar-se-ão também aproximações entre a educação sexual e a religião.

EDUCAÇÃO SEXUAL E RELIGIÃO

Já vimos que a educação sexual é um dos processos através dos quais a cultura, notadamente através da família, acolhe a pessoa em seu seio. Esse processo ocorre por toda a vida das pessoas e é uma das bases da identidade sexual. Sexualidade é, por causa desse processo, uma construção cultural e histórica de algo que se manifesta através dos e nos indivíduos. A religião, como também já vimos, é um acontecimento na vida humana cujas manifestações e maneiras de exercício são determinadas cultural e historicamente. Sendo ambas afetadas e educáveis pela sociedade no qual existem, certamente uma e outra, a sexualidade e a religião influenciam-se mutuamente.

Mesmo hoje em dia, grande parte dos valores humanos terão respaldo em algum discurso religioso. Isso se dá porque historicamente uma das finalidades principais da instituição social religiosa é a preservação do respeito às normas, e aos valores morais pertinentes àquela dada sociedade. Esses valores, de maneira geral, são mesmo estabelecidos pela própria religião, mais comumente através de mandamentos ou leis outorgados pela divindade. Uma das características mais importantes das leis outorgadas por uma divindade é que elas obrigam ao cumprimento e à obediência sob pena de sanções sobrenaturais, portanto, sanções menos sujeitas a burla. Além disso, a religião tem também a função de explicar e de organizar o mundo, daí, por exemplo, o fato de que toda religião tem uma história de origem e fim. Ao explicar e organizar o mundo, a religião estabelece também critérios morais e, via de regra, dá sustentação à vivência comunitária e ao poder político porque estabelece uma visão de mundo que se torna válida para aquela sociedade, ainda que não seja válida integralmente para todos os membros daquela comunidade.

No caso da cultura ocidental, tem acontecido mudanças no papel da religião, como mostrarei mais adiante. Mas agora é importante notar que em nossa cultura a religião hoje divide a explicação e a organização da realidade (e, portanto, o estabelecimento de valores) com outros referenciais, especialmente a filosofia e a ciência, as quais introduzem o pensamento racional em competição com o raciocínio mítico.

A ciência, por exemplo, nos ensina que os valores morais que se encontram numa cultura são, na verdade, soluções culturais para problemas existenciais humanos, pois não nascemos geneticamente pré-programados. Dificuldades sobre como agir em determinadas situações evidenciam que, muito diferentemente de outros animais, nós seres humanos somos sempre e para sempre inacabados, isto é, não somos pré-determinados pela natureza. Também não somos seres predestinados pelo destino ou por algum deus. É por isso que muitas vezes nos perguntamos sobre o que fazer e é por isso que cada um de nós, ou cada grupo social, cria respostas e alternativas diferentes para questões e problemas semelhantes. (Sung e Silva, 1995, p. 12)

No que diz respeito à sexualidade, por não ser geneticamente programado, o ser humano não está preso à regulação da sexualidade pela natureza, típica dos animais, os quais têm um ciclo sexual definido pelo cio das fêmeas. No ser humano o desejo substitui o cio, de maneira que a cultura, principalmente através de leis morais, entra como instrumento substituto da natureza necessário à codificação e organização da sexualidade e do desejo. Ou, nas palavras de Chaui (1990, p. 19), "como escreveu o escritor Bataille, o sexo, nos homens, é erotismo e este é impossível sem as interdições e as transgressões".

Ao se estabelecer uma moral, ela é sempre cultural e histórica, uma vez que não há uma ética universal: a ética cristã, por exemplo, não é para todo o mundo, mas tão só para os cristãos. Nascemos em comunidades que têm suas próprias histórias; é nessas comunidades que aprendemos nossos papéis e somos ensinados a nos tornar apropriados para viver entre essas pessoas. Nós nos criamos em meio a uma comunidade histórica e somos ajustados às suas leis e moral.

É importante lembrar que o fato de uma comunidade ou sociedade ter suas normas morais não implica que elas não possam ser discutidas ou que sejam unânimes. No aspecto moral, na determinação dos valores de uma sociedade, há acordo em alguns pontos e divergências em outros: às vezes há mesmo aspectos morais sobre os quais a discordância chega a ser profunda, como em temas mais polêmicos, a exemplo do aborto, dos papéis sexuais, da distribuição de renda, do patriotismo, eutanásia e homossexualidade, para nomear alguns. Essas discordâncias aparecem independentemente de as pessoas adotarem referenciais religiosos ou laicos, pois entre esses há divergências.

Assim como discordamos nesses assuntos não há igualmente como separar as pessoas em campos religiosos e seculares. As pessoas religiosas têm discordâncias entre elas sobre esses assuntos, assim como as pessoas não religiosas, seculares.

No que diz respeito à sexualidade humana na juventude, encontram-se alguns pontos de concordância e outros de discordância. Alguns dos temas mais debatidos, temas nos quais as convicções religiosas das pessoas estabelecem um posicionamento, são os seguintes: onde se deve ensinar sobre a sexualidade humana, se em casa, na escola, em instituições religiosas; se métodos de prevenção de gravidez e/ou DSTs deveriam ser incluídos nas aulas de orientação sexual; se a abstinência sexual deveria ser discutida só ou junto com as DSTs e prevenção de gravidez; se deveriam ser distribuídos preservativos a estudantes nas escolas; se informações sobre tendência sexual (particularmente sobre homossexualidade e bissexualidade) deveriam ser dadas em aulas de orientação sexual; quais crenças sobre tendências sexuais minoritárias deveriam ser ensinadas (Robinson, 2001).

Há também muitos pontos nos quais há uma concordância independentemente do ponto de vista moral: o fato de a sexualidade humana ser uma parte importante de vida; o fato de que o melhor lugar para uma criança aprender sobre sexualidade é em casa, através do contato claro, relaxado e honesto com os pais; o fato de que muitos pais sentem-se desajeitados ao falar sobre esse assunto com os filhos; o fato de que os jovens passam frequentemente por uma fase em que se sentem inatingíveis, quando se imaginam imunes a gravidezes, acidentes, doenças; o fato de que pessoas que mantém relação sexual anal, vaginal ou oral sem preservativo correm o risco de contrair DSTs; o fato de que preservativos reduzem grandemente a chance de doenças e de gravidez; o fato de que um par heterossexual, se mantém uma relação sexual semanal sem preocupações com contracepção, estará provavelmente "grávido" dentro de alguns meses; o fato de que a atividade sexual é muito agradável se for consentida conscientemente, em um par comprometido (Robinson, 2001).

Há também alguns tópicos nos quais o consenso parece impossível: deve-se retardar a primeira experiência sexual até o matrimônio ou a primeira experiência sexual é aceitável se é feita quando o par está em uma relação comprometida? Deve-se ensinar aos jovens a abstinência sexual? Como devem ser encaradas a homossexualidade e a bissexualidade? (Robinson, 2001).

Pelo que se levantou até aqui, podemos perceber que a área da sexualidade humana é uma área na qual é pequena a possibilidade de haver um consenso, até mesmo quando se pensa em pessoas de uma mesma religião, que dirá de pessoas de uma sociedade ampla e segmentada como é a sociedade ocidental, nela incluída a sociedade brasileira. Ainda assim, olhando-se historicamente, ver-se-á que na cultura ocidental durante um largo período a moral sexual era ditada praticamente pela religião. Como surgiram muitos estudiosos, com o passar do tempo a religião foi cedendo parte desse terreno para as ciências (notadamente a medicina e a economia) como outras geradoras de moralidade. Ainda assim, todas as religiões têm normas sobre a sexualidade e sobre o exercício da sexualidade pelos seres humanos. Dessa maneira, há normas para a conduta sexual do ser humano nas religiões cristãs, no islamismo, no judaísmo, no budismo, enfim, em qualquer lugar onde o ser humano tenha ou pretenda ter um contato com o sagrado, lá haverá leis que regulam e disciplinam a sexualidade humana.

Todas as religiões são constituídas por um sistema de crenças (a maneira de a fé se expressar), sistemas morais (as leis que regulam e orientam o comportamento humano) e sistemas de organização (a maneira como a instituição religiosa vai se hierarquizar). Grosso modo, cabe ao sistema de organização interpretar e fazer cumprir o sistema moral (Houtart, 1994, p. 32).

A maneira como essas normas morais da religião vão ser cumpridas, as leis que vão ou não ser cumpridas, tudo isso vai depender da religião e da organização religiosa. No entanto, é importante notar-se que se encontrará uma grande variação, de organização religiosa para organização religiosa (e até dentro de uma mesma organização religiosa), sobre o sentido da sexualidade humana e sobre as leis que a regulam, mas em todas as organizações religiosas encontrar-se-ão essas leis e a elucidação desse sentido. Por exemplo, no islamismo há a possibilidade da poliginia, ao passo que na maioria das organizações cristãs o preceito é a monogamia. Para algumas religiões o sentido da sexualidade é a procriação, para outras esse sentido é a transcendência, a superação dos limites humanos.

Como já foi visto, a educação sexual é o processo através do qual a sociedade, principalmente através da família, ensina a moral sexual que servirá como base para que as pessoas desenvolvam seus valores quanto à sexualidade. O próprio conceito de família já é um conceito tremendamente baseado e regulado pela religião, que dirá da sexualidade que essa família vai ensinar aos seus membros. É óbvio, não custa lembrar, que hoje em dia não é apenas a religião que determina como deve ser a família e como as pessoas devem se comportar em família, mas não restam dúvidas de que a religião tem ainda um espaço enorme nos códigos familiares modernos, como também nos códigos que regulam a sexualidade humana nos dias de hoje, por mais que, de alguma forma, a influência da religião nesse aspecto esteja diminuída por causa dos avanços do capitalismo e sua consequente ampliação da secularização do mundo.

É por causa desse espaço que ainda detém na moral familiar e social que a religião ainda tem um papel muito grande na educação sexual, um papel que vem sendo, de certa maneira, rejeitado ultimamente pela nossa cultura, a qual pretende ser profana e puramente racional/científica. Ainda assim, não se pode esquecer de que nós somos filhos da religião judaico-cristã. Isso implica em que, para entendermos muitos de nossos problemas, precisamos conhecer nossas origens e as influências que recebemos delas. Para compreendermos a sexualidade ocidental é necessário que analisemos nossas origens educacionais judaico-cristãs, pois, como sobejamente demonstrou Jung, as possuímos enraizadas no mais profundo do nosso ser.

Não é à toa que nossa cultura é chamada de judaico-cristã e para que se possa entender o exercício da sexualidade em nossa sociedade é mister olhar para esse importante aspecto de nossa história. Na cultura ocidental predomina o cristianismo, uma religião que vem regulando há séculos o exercício da sexualidade humana. No Brasil, a influência cristã se deu e se dá principalmente através do catolicismo, pois, desde a colonização pelos portugueses e até recentemente, religião católica e Estado sempre estiveram muito próximos em nosso país, de maneira que uma enorme parte de nossa educação sexual foi – e ainda é – firmemente influenciada pela religião cristã, embora seja necessário frisar que não foi o cristianismo a única influência exercida sobre a moral sexual brasileira, uma vez que outras religiões, especialmente as oriundas da África e do Oriente, também influíram na sexualidade das pessoas no Brasil. Desde o princípio da história do Brasil, fundamentos religiosos oriundos do catolicismo, do judaísmo, das religiões africanas e indígenas combinaram-se na colônia, engendrando uma religião sincrética e especificamente colonial. Essa marca do sincretismo ainda é presente hoje no Brasil.

Para entender um pouco do papel do cristianismo na sexualidade, há que se observar dois aspectos da sexualidade humana que historicamente foram legislados pelo cristianismo: o corpo e as relações de gênero.

É através do corpo que nos relacionamos com o mundo e com a realidade, daí sua enorme importância na existência humana. Uma importância tão grande que fez com que o corpo fosse um dos principais alvos da moral religiosa no processo de educação da sexualidade humana. Segundo Hinkelammert (1995, *passim*), há no cristianismo uma ênfase no aspecto do sacrifício, uma ênfase que teve no corpo humano o principal alvo. Durante grande parte da história do cristianismo o corpo foi visto como o lugar do pecado e foi enorme a pressão no sentido de roubar do corpo a espontaneidade, com reflexos claros sobre a sexualidade humana. Segundo Araújo (1997, *passim*), só mais recentemente as religiões começam a abrir um espaço maior para a espontaneidade corporal e para a sexualidade, como, por exemplo, no catecismo católico de 1992, que segue as diretrizes do Concílio Vaticano II, e coloca a sexualidade como fonte de alegria e prazer. Mas, em meu modo de ver, ainda há muito a se discutir sobre o papel do corpo sexualizado nas religiões. Aqui entram, dentre outros, temas como a virgindade, a procriação e, principalmente, o prazer.

Intimamente ligado ao tema do corpo, está o das questões de gênero, a definição social dos papéis de homens e de mulheres. Como não poderia deixar de ser, devido à importância do tema, também aqui há influências históricas da religião na organização social. No século XX este foi um dos temas mais polêmicos da sexualidade humana, principalmente por causa dos movimentos feministas. É através desse tema que as religiões disciplinam a união conjugal, a função dos homens e das mulheres no casamento, nas instituições religiosas e na sociedade, a homossexualidade e grande parte da solidariedade humana, dentre outros temas. Com relação ao cristianismo, se em são Paulo há uma tentativa de resgate de um papel mais importante da mulher na sociedade da época, na maior parte da história das igrejas cristãs o que se encontra é uma moral falocêntrica que ainda precisa ser muito questionada para que se possa chegar à possibilidade de um mundo menos desigual.

Como a orientação sexual se propõe a lidar com as questões afetas à moral sexual e à religião? De que maneira a orientação sexual vê os aspectos religiosos da cultura judaico-cristã na qual ela, a orientação sexual, pretende intervir? Esse será o nosso próximo passo.

ORIENTAÇÃO SEXUAL E RELIGIÃO

Para começar as discussões deste tópico, me parece importante realçar que, para mim, o trabalho de orientação sexual na escola é um trabalho ético, no sentido que dá à ética Leonardo Boff. Para esse autor:

> *Moral*, do latim *mos, mores, designa os costumes e a tradição.* [...] *Moral está ligada a costumes e a tradições específicas de cada povo, vinculada a um sistema de valores, próprio de cada cultura e cada caminho espiritual.*

Boff afirma ainda que, "por sua natureza, a moral se concretiza como um sistema fechado" que vai proporcionar o enraizamento necessário a cada ser humano. Nesse contexto, o papel da ética é abrir esse enraizamento para que a moral se abra a mudanças e não se fossilize, transformando-se em moralismo. "A ética, portanto, desinstala a moral", ou seja, "a ética nos possibilita a coragem de abandonar elementos obsoletos das várias morais. Confere-nos a ousadia de assumir, com responsabilidade, novas posturas, de projetar novos valores".

No trabalho com a orientação sexual na escola, chama a atenção à primeira vista um certo preconceito – para não dizer repúdio – quanto à religião que há entre muitos autores que se dedicaram à orientação sexual. Mesmo sendo certo que a moral judaico-cristã permeia a sexualidade humana na cultura ocidental e que o trabalho de orientação sexual lidará com valores, ou seja, vai fazer ética e, portanto, lidará com essa moral religiosa, muitos autores defendem que o espaço da moral não é um espaço da orientação sexual, o que deixa no ar as seguintes e importantes dúvidas: como se pode distanciar a ética da moral? Será possível falar de ética sem tocar na moral?

Tal crença de que se pode falar de ética sem tocar na moral é explicitada por alguns autores que se fundamentam em uma certa, chamemos assim, ética higienista, a qual traz uma postura moral que pretende não parecer ou ser uma postura moral porque se fundamenta na ciência. Como se o fato de se enfatizar condutas preventivas (como evitar uma gravidez não planejada, não adquirir doenças e evitar toda sobrecarga emocional que esses problemas acarretam) não fosse uma maneira de se fazer ética, ou seja, de se julgar a moral, só porque não se tocaria em valores universais.

Há também autores que defendem que a orientação sexual na escola não lida com aspectos religiosos porque não é um trabalho desrespeitoso para com a religião. Ora, não ser desrespeitoso é virtude e dever, mas não quer dizer que não se lidará com morais religiosas! Acredito ser necessário que o educador tenha em mente que, ao questionar os valores vigentes sobre a sexualidade, se tocará em valores religiosos, o que deve ser feito com clareza e respeito, mas nunca com preconceitos ou mascaramentos.

De qualquer forma, o tema é, de certa maneira, tabu: ou não se toca no assunto, ou se coloca excessiva ênfase nos aspectos deletérios das morais religiosas sobre a sexualidade. Nos PCNs, por exemplo, uma das poucas citações que encontramos sobre o tema é esta (p. 40):

> *No caso de haver familiares que se oponham à frequência de seus filhos nas discussões, por motivo de crença religiosa, pessoal ou outros, a escola deve informar e esclarecer os objetivos e a*

> *dinâmica do processo, enfatizando que não se trata de substituir ou concorrer com a função da família nas questões da sexualidade em âmbito privado. Se, mesmo assim, houver resistências ou proibições, a escola deve estar ciente de que esse posicionamento dos familiares deve ser respeitado, podendo ser o aluno dispensado do trabalho, pois são os pais os principais responsáveis pelo adolescente.*

Como vimos, a orientação sexual deverá ter três grandes blocos de conteúdo, corpo: matriz da sexualidade, relações de gênero e prevenção às doenças sexualmente transmissíveis. Para discutir esses assuntos, inevitavelmente se passará pelo campo dos valores e se deparará com valores religiosos, pois as religiões têm códigos de postura referentes a esses assuntos, como, por exemplo, a proibição da Igreja Católica ao uso da camisinha pelos seus fiéis ou as diferentes posturas de religiões acerca dos papéis de gênero, ou até mesmo a proibição da exposição do rosto pelas mulheres em algumas vertentes do islamismo.

Assim, dentre os inúmeros problemas com os quais se deparam os educadores quando pretendem desenvolver a orientação sexual, um de especial importância e relativamente negligenciado nos livros sobre o assunto é o que trata das relações entre a religião (ou a religiosidade, ou ainda a espiritualidade) e o trabalho de orientação sexual. O que se percebe é que falta um diálogo mais aprofundado entre o trabalho com a sexualidade dos jovens na escola e a religião (ou as religiões) que se encontra(m) orientando a postura desses jovens, de suas famílias e até mesmo do professor. Os limites encontrados para esse diálogo precisam ser discutidos e refletidos para que se consiga uma qualidade cada vez melhor no trabalho de orientação sexual.

Edgar Morin nos dá uma pista para que entendamos o porquê dessa negligência, quando afirma que:

> *Como nossa educação nos ensinou a separar, compartimentar, isolar, e não a unir os conhecimentos, o conjunto deles constitui*

> um quebra-cabeças ininteligível. As interações, as retroações, os contextos e as complexidades que se encontram na man's land entre as disciplinas se tornam invisíveis. Os grandes problemas humanos desaparecem em benefício dos problemas técnicos particulares. A incapacidade de organizar o saber disperso e compartimentado conduz à atrofia da disposição mental natural de contextualizar e de globalizar. (2000, p. 43)

Os principais temas que perpassam a sexualidade humana, e, com ela, a educação sexual e a orientação sexual, foram historicamente moralizados pela religião em nossa sociedade. Estritamente falando, são eles: o corpo e as relações de gênero. Também sobre eles as outras bases morais legislam, mas será que legislam independentemente da religião?

A área da sexualidade humana é uma das que mais questionamentos sofreram da metade do século XX para cá, com enormes mudanças de atitudes e de comportamentos aceitos socialmente. É importante que não se perca de vista que ainda hoje as religiões têm com a sexualidade uma grande interface que está presente principalmente na questão dos valores que deverão orientar o ser humano em sua relação com o mundo e com os outros seres humanos. Por causa disso, a orientação sexual fará aproximações com a religião, uma vez que a orientação sexual tem como uma de suas mais importantes metas "abordar os diversos pontos de vista, valores e crenças existentes na sociedade para auxiliar o aluno a encontrar um ponto de autorreferência através da reflexão" (Egypto e Sayão, 1997, p. 8).

Por lidar basicamente com atitudes e valores diante da sexualidade é que a orientação sexual encontra a religião, e é premente e fundamental que se pesquise como se dá esse encontro, como ele pode ser utilizado para realmente facilitar ao jovem um crescimento e um bom embasamento para que atravesse da melhor maneira possível a adolescência — ponte que liga a infância à idade adulta — para, dessa maneira, tornar-se um cidadão o mais amadurecido e autônomo possível quando alcançar o continente da vida adulta.

O que se observa nos principais livros sobre a orientação sexual, no entanto, é quase que um "esquecimento" (na verdade, uma evitação) da intersecção entre religião e sexualidade, ou um viés irônico ressentido, mas principalmente um preconceito baseado em insuficiência de informações.

O que geralmente se encontra na atual literatura especializada em orientação sexual e em sexualidade juvenil – e também nos PCNs, como vimos há pouco – é a recomendação de que, uma vez que os pais aleguem que a religião proferida pela família vai contra os métodos da orientação sexual, o aluno em questão poderá ser dispensado das aulas. Em outros termos, a religião é considerada seriamente apenas nos casos extremos em que fica claramente explicitada alguma discordância importante entre a postura religiosa da família e o trabalho de orientação sexual.

E nos outros casos? E as influências existentes da religião na orientação sexual? Como influencia o trabalho de orientação sexual o fato de diversas religiões – muitas vezes setores de uma mesma religião – terem parâmetros que não são homogêneos no tocante às normas sobre a sexualidade de seus fiéis? Terão os educadores informações suficientes sobre as religiões para reconhecer sua influência no exercício da sexualidade do jovem? O que se pode observar na maioria dos livros sobre sexualidade humana é que a religião é entendida como uma entidade que estabelece repressões sobre a sexualidade. Terão esses livros a ideia clara do que seja a liberdade? Entenderão eles, como May (1987, p. 19), que a liberdade "é básica para nossa capacidade de determinar o valor?". Na educação sexual de hoje em dia encontramos muito mais uma preocupação com a *liberdade de* do que com a *liberdade para*, o que segundo May tem um custo:

> *Nas relações humanas, a responsabilidade deriva da solidão sempre presente e de nossa inevitável necessidade de outros,*

o que é profundamente verdadeiro na sexualidade; sem esse senso de liberdade (com responsabilidade), não há liberdade autêntica. (1987, p. 197)

Se a cultura vitoriana enfatizou o amor sem sexo, a cultura atual enfatiza o sexo sem amor, de modo que o que aparece como tônica de nossos dias é uma tendência a considerar os limites, os sacrifícios, a tolerância e a força de vontade como restrições desnecessárias ao potencial humano. Como nos lembra Lowen, além de os negócios serem conduzidos como se não existisse um limite ao crescimento econômico:

> *Até na ciência nos deparamos com a ideia de que podemos superar a morte, isto é, transformar a natureza à nossa imagem. Poder, desempenho, produtividade se tornaram os valores dominantes, desalojando virtudes obsoletas como dignidade, integridade e autorrespeito.* (1989 p. 21)

A partir daí pode-se perguntar: quais são os limites sociais colocados hoje em dia à sexualidade humana? Como esses limites são influenciados pela religião? Se um dos principais papéis da religião quanto à sexualidade é colocar limites, será que ainda hoje ela tem esse papel? Ela continua aí? Minha hipótese é de que ela continua sim, de fato, dividindo o espaço com outras bases morais, mas não há como negar a influência e a importância da religião no tocante à colocação de limites à sexualidade humana.

Como a orientação sexual lida com os aspectos da religião que são reguladores da sexualidade? Como entender que haja tanto silêncio com relação à interface entre a orientação sexual e a religião nos livros de sexualidade e orientação sexual, se vivemos em uma sociedade tão marcada pela religião?

São inúmeras as perguntas que se pode levantar a partir desse encontro não confessado entre a orientação sexual e a religião. A pergunta que interessará daqui em diante é a mais fundamental delas: existe de fato esse diálogo não confessado? Se sim, quais são suas características mais importantes?

Como categorias para a análise, falarei sobre a relação entre a religião e a sexualidade, a religião e a ciência, além de verificar como é tratada a questão que envolve os limites à liberdade e a maneira como são colocados historicamente esses limites. Falarei também como se lida na orientação sexual na escola com a questão dos símbolos, linguagem, frente à religião. Em tudo disso me interessa especialmente a questão da secularização e suas implicações na orientação sexual na escola.

CAPÍTULO 3

Eu sou sim. Eu sou não. Aguardo com paciência a harmonia dos contrários. Serei um eu, o que significa também vós.

Clarice Lispector

Para fazer o estudo que segue neste capítulo, levantei uma série de dados de livros de autores brasileiros que se dedicam ao estudo da sexualidade humana, principalmente da sexualidade do adolescente, e prestei especial atenção à maneira como a religião e a sexualidade se encontram nesses livros. Os livros escritos para o público adolescente adquirem especial importância, na medida em que eles representam, pela receptividade que alcançaram, caminhos suficientemente bem-sucedidos de compreensão do mundo sexual do adolescente e de transmissão dessa compreensão. Assim, esses livros tornam-se leituras obrigatórias para os professores de orientação sexual, além de serem fontes de inspiração e de referências para esses profissionais, influenciando sua maneira de ver a atividade e seu jeito de exercê-la. Tendo em vista a importância desse tipo de livro para a formação do professor de orientação sexual e também para seu trabalho junto aos alunos, resolvi utilizar, ao lado da prática psicopedagógica e de conversas informais com educadores e estudiosos da sexualidade humana, esses livros como base para a verificação dos possíveis diálogos entre a orientação sexual e a religião. A escolha dessas referências se deu porque, dentre outros motivos, pareceu ser a que mais clareza poderia proporcionar à análise que eu pretendia fazer.

Uma vez tomada essa decisão, tornou-se necessário escolher alguns livros dentre os tantos que existem no mercado. Os critérios que segui para determinar quais livros utilizar foram basicamente dois: um, mais subjetivo, foi uma consulta informal a professores de orientação sexual e a estudiosos da sexualidade humana, sobre quais livros eram os mais conhecidos e usados; outro critério foi buscar livros que tivessem pelo menos duas edições e cujos autores fossem referências para os profissionais da área e para o público em geral. Defini que seriam escolhidos autores de ambos os sexos, na tentativa de fazer representados os pontos de vista dos dois gêneros. Além disso, como a principal preocupação deste livro é com a realidade brasileira, decidi que os autores escolhidos deveriam ser todos brasileiros e o mais possível atualizados, pois não se pode perder de vista a imensa rapidez com que as visões sobre a sexualidade tendem a se modificar em nosso mundo globalizado.

Pode-se perceber que há várias aproximações entre a maneira como a maioria dos autores estudados tratam a sexualidade humana e as propostas para a orientação sexual na escola que vimos anteriormente. Os temas tratados são pertinentes à faixa etária a que se propõe cada livro, a linguagem é tratada de maneira que seja compreensível pelos jovens, os autores muito raramente se posicionam sobre o tema, preferindo as entrelinhas, à exceção dos tópicos em que há grande consenso ou grande polêmica social, como, por exemplo, a importância do prazer e do amor na vida sexual, e o aborto. Além disso, percebe-se que, cada um em seu caminho, cada um dentro de seu estilo, os autores procuram fundamentar-se o mais profundamente possível nos estudos sobre a sexualidade humana. Trazem também diferenças entre eles, algumas delas importantes para esse estudo, que serão objeto de comentários mais adiante. Quanto à intersecção, nos livros, entre religião e sexualidade e suas consequências na interação entre a religião e a orientação sexual, há muito o que comentar.

O que se pode observar na maioria dos livros sobre sexualidade humana é que a religião é, muitas vezes, entendida como uma entidade que estabelece repressões sobre a sexualidade. De fato, um dos papéis da religião é o estabelecimento de limites para o contato humano, incluída aí a área da sexualidade, o que não quer dizer que a religião seja somente repressora – há uma dualidade na colocação de limites, uma ambiguidade que não é geralmente contemplada nas análises feitas pelos livros sobre sexualidade. Não há como se negar que em muitos aspectos e em muitas épocas as religiões têm agido realmente muito mais pela repressão que pelo contingenciamento da sexualidade, não raro com consequências terríveis para os seres humanos. No entanto, será só isso? Não haveria historicamente um papel de delimitação de fronteiras para o exercício da sexualidade feito pelas religiões que é enriquecedor e libertador para os seres humanos? Não tem esse papel de delimitação de fronteiras exercido pela religião, um caráter de organização dos instintos e dos desejos o qual é, ao menos potencialmente, altamente facilitador para a – e propiciador da – construção da identidade, inclusive sexual, de cada pessoa? Haverá a possibilidade de prazer sexual se não há o estabelecimento de limites ao exercício da sexualidade? Esses limites têm relação apenas com uma visão patriarcal do mundo?

RELIGIÃO, SEXUALIDADE, HISTÓRIA

De certa forma a religião permeia o discurso sobre a sexualidade humana nos textos que estudei, por mais que aparentemente haja neles um desejo de não entrar em contato com a religião ou com a moral sexual religiosa. De fato, não haveria como, em nossa cultura, falar de sexualidade sem passar pelo campo do religioso, uma vez que as relações entre a religião e a sexualidade são antigas como a civilização, provavelmente até mais antigas que a civilização que conhecemos. Alguns autores estudados tocam explicitamente no aspecto histórico da vivência da sexualidade humana, ao passo que outros fazem um discurso mais afinado com uma tendência atual da ideologia ocidental e dão muito mais atenção aos aspectos biológicos, instintivos e "naturais" da sexualidade humana, praticamente esquecendo, ou talvez apenas evitando considerar que a sexualidade tem uma história. É quase como se a sexualidade existisse fora do tempo, ou, no máximo, há uns poucos séculos. No entanto, como veremos mais adiante, há várias mudanças importantes no comportamento sexual em seus aspectos concretos e simbólicos no decorrer do tempo. Grande parte dessas mudanças tem fortes vinculações com a religião. Não há dúvidas: a sexualidade tem uma história, e essa história é em grande parte permeada de religiões e de religiosidades.

Muitos outros autores tratam do encontro entre a religião e a sexualidade ao longo da história, a maioria deles enfatizando o aspecto repressor da religião. Vera Paiva (1993), por exemplo, em seu estudo sobre a mulher, olha para a história da humanidade a partir de um patamar junguiano e se apoia na teoria de que teria havido um período matriarcal no início da humanidade, período anterior ao patriarcado que atualmente vivemos. Paiva fundamenta seu olhar em uma discípula e renovadora de Bachofen, Françoise d'Eauboone, para quem a mulher teria reinado incontestavelmente até o aparecimento do patriarcado, o qual se deu a partir de duas mudanças importantes ocorridas na antiguidade da história humana, a descoberta – a partir da observação dos animais domésticos – do papel que os machos têm na reprodução e a troca da enxada, instrumento das mulheres à época, pelo arado de ferro, instrumento dos homens à época.

Segundo d'Eauboone, a passagem do matriarcado para o patriarcado teria se dado entre 3.000 e 1.500 a.C., intermediada por um período de certa igualdade ou indiferenciação na atribuição das tarefas entre homens e mulheres. Ainda segundo d'Eauboone, o patriarcado se desenvolve, lenta e progressivamente, a partir de uma definição de tarefas proveniente das diferenças entre as necessidades da gravidez e do parto, e as atividades de caça e pesca. Aparecem também os primeiros tabus contra a sexualidade feminina, base de um tipo de convivência entre os gêneros que vivemos até hoje e que, é bom que se frise, não existiu desde sempre.

Em termos de religião, obviamente há também mudanças: com o advento do patriarcado:

> O deus passa a perseguir a deusa, e o absurdo da crença na mulher como única procriadora é sucedido pelo absurdo da convicção de que ela não é, senão, o húmus inerte em que o homem consente em colocar sua semente. (PAIVA, 1993, p. 172)

Jamake Highwater (1992) concorda com Paiva e se apoia nas descobertas de uma antropóloga, Ellen Harrison, que, baseada em pesquisas arqueológicas, teria encontrado uma religiosidade (feminina) primitiva dominada por um espírito matricêntrico da Terra. Para Harrison, o conceito de uma divindade masculina superior a todas as outras divindades é historicamente recente: Zeus teria surgido por volta de 2500 a.C. e Abraão teria aparecido cerca de 1800 a.C. Para Highwater:

> Os novos sacerdotes patriarcais cooptaram os antigos símbolos e rituais do Espírito da Terra e inverteram o seu significado sexual, eclipsando o poder da mulher, que foi trivializado e vilanizado, além de subordinado a uma hierarquia religiosa masculina. (1992, p. 39)

Apesar de o Ocidente afirmar que é natural a divisão dos sexos, histórica e antropologicamente não há comprovação para tal tese. Muito provavelmente, a sensibilidade das mulheres da época neolítica provocava uma unidade com a natureza e com o solo que se generalizava e acabava por provocar uma atitude mais homogênea em relação ao mundo, diferente da postura mais dualista predominante na cultura patriarcal, principalmente a ocidental. A segregação dos sexos provavelmente só se deu por causa dos extensos territórios de caça que obrigaram a uma divisão do trabalho e a uma especialização de certas ocupações e de certas funções entre homens e mulheres, o que acabou por gerar um afastamento entre os sexos. Além disso, a gestação e a amamentação são dados concretos e facilmente visíveis, obrigando a uma imediata percepção da ligação entre mãe e bebê, ao contrário do que acontece com a paternidade, a qual, para ser estabelecida, exige um encadeamento lógico que vai para além do fato concreto e que só seria conquistado ao fim do período matriarcal do desenvolvimento da humanidade. Por isso, no período neolítico (10000 a 4000 a.C.) havia, como símbolo da fecundidade, *a deusa* de origem e não *o deus* de origem.

Assim, nas sociedades matrilineares a propriedade era comunitária e não havia a preocupação de (e nem conhecimento suficiente para) se demarcar quem seria o pai de cada criança, de maneira que os laços de família vinculavam-se somente à mãe. Havia, no entanto:

> [...] *uma consciência sexual primitiva, dotada de caráter polimórfico, que misturava a sensualidade e a sexualidade numa coisa só. As regras do comportamento sexual* (grifos meus) *derivavam naturalmente da comunidade tribal.* (HIGHWATER, 1992, p. 44)

Assim, mesmo quando levamos em conta esse período matriarcal neolítico, há indícios do papel delimitador da religião sobre a sexualidade humana praticamente desde os princípios da hominização.[3] Dessa maneira, deduz-se que não há como a educação sexual escapar do encontro entre a religião e a sexualidade, o mesmo ocorre com a orientação sexual na escola, uma vez que, na discussão dos valores, esses milênios de encontros certamente não serão deixados de lado. No entanto, é praticamente inexistente na literatura mais usada pelos professores de orientação sexual na escola, algum olhar que abranja mais amplamente o tempo de história do encontro entre religião e sexualidade humana. Mesmo autores de livros sobre sexualidade para adolescentes que

---

3 Mesmo em Freud, autor que não discute a possibilidade de um período matriarcal no desenvolvimento da humanidade, vamos encontrar a ideia da presença de limites religiosos para a sexualidade desde períodos mais primitivos.

dedicam reflexões em seus livros sobre a história da sexualidade humana, tendem a restringir seu olhar ao período judaico-cristão da civilização, como se antes dele não houvessem regras referentes ao comportamento sexual das pessoas.

O que levaria esses autores a posicionarem-se assim? Se existem evidências de regras do comportamento sexual derivadas naturalmente da comunidade tribal matriarcal neolítica, regras ligadas também à religião, como entender que isso passe, de certa forma, despercebido por tantos autores? Principalmente se levarmos em conta que no matriarcado há regras, portanto há limites ao exercício da sexualidade humana, como entender que o olhar histórico dessa literatura fique tão preso ao período judaico-cristão da civilização humana, justamente o período mais marcadamente patriarcal na maneira de se estabelecerem os limites à sexualidade?

Poder-se-ia argumentar que, a atenção exclusiva ao período judaico-cristão da história, se deve ao fato de esta ser ainda uma das principais características de nossa cultura, ser judaico-cristã e, portanto, patriarcal. No entanto, esse argumento seria falacioso, uma vez que o risco de parecer que não haveria outra forma de se regular a sexualidade humana é muito grande. Em outras palavras, se analisamos somente uma maneira de se disciplinar o exercício da sexualidade humana, corremos um enorme risco de acreditar que não há alternativas a ela, ou, na melhor das hipóteses, de crer que as opções se resumem a dois modelos, uma "repressão judaico-cristã" ou uma sexualidade utopicamente livre.

Ainda que seja consensual, a necessidade de limites à sexualidade para que possa haver uma vida social, as justificativas e a forma como esses limites são colocados, mudam de acordo com o momento histórico, embora tenham sempre uma ligação com a religião. Nos nossos dias, independentemente se pela forma da biologia ou da história, da ciência ou da religião, os limites são colocados de maneira patriarcal, o que talvez explique o motivo de se deixar de lado o estudo da história mais antiga para se privilegiar apenas os últimos 4000 ou 5000 anos: "O que vemos não é o que vemos, senão o que somos" (Bernardo Soares). "Onças não veem bananas. Macacos não veem orquídeas. Gatos não veem telas de Van Gogh" (Alves, 1999, p. 36).

Monick (1993a, p. 09) define o patriarcado como "o estágio cultural evolutivo dos últimos milênios, caracterizado por temas como, por exemplo, a superioridade do masculino e do espiritual sobre o natural e o feminino, bem como domínio, submissão, hierarquia". Para Carlos Byington (1987, p. 61), a elaboração dos símbolos na lógica patriarcal tem como grande princípio de funcionamento "não mais o desejo e a fertilidade, e, sim, o dever, a tarefa e a coerência, expressos moralmente pela valorização da palavra dada e do seu mantenimento, formando o complexo fenômeno da honra, da vergonha e da culpa patriarcal".

Vera Paiva (1993, p. 23) afirma que "o dinamismo patriarcal tem dificuldade com as ambiguidades, *o símbolo é sinônimo de sinal* (grifos meus), tem polaridades fixas: homem/mulher, saúde/doença, bem/mal, céu/inferno". É esse dinamismo patriarcal que está a sustentar a maior parte do posicionamento sobre a sexualidade humana das religiões e das ciências atuais. Nas religiões, parece-me desnecessário buscar mais exemplos disso que a hierarquia que facilmente se observa nas instituições religiosas e que colocam, em grande parte dos casos, a mulher como subordinada e/ou inferior ao homem; no campo das ciências, há uma maior sutileza, mas não há dúvidas de que é o pensamento patriarcal que prepondera, haja vista, por exemplo, a tentativa da redução da sexualidade humana ao seu aspecto biológico, em detrimento do aspecto simbólico da sexualidade. Mais adiante voltarei a esse tema.

A orientação sexual é um movimento que, de alguma forma, pode, com o tempo, tornar-se uma resistência e ser uma das forças de revolução do padrão sexual patriarcal, ainda que partindo desse mesmo pensamento. Ou, dito de outra forma, a orientação sexual, quando se propõe a ser ferramenta de questionamentos à maneira como é vivida a sexualidade na cultura ocidental, traz a utopia de modificar essa maneira de se exercer a sexualidade.

Modificar não no sentido de uma volta a um matriarcado, mas da integração entre a postura patriarcal e a matriarcal, o que resultaria numa vivência mais íntegra da sexualidade, em uma maior alteridade. É importante também que se note que a orientação sexual é mais um movimento nesse sentido e que está acompanhada por inúmeros movimentos religiosos, mesmo que também predominantemente patriarcais.

RELIGIÃO, SEXUALIDADE, ABERTURAS E FECHAMENTOS

Embora de uma maneira bem mais suave e delicada, talvez mais respeitosa que autores das primeiras décadas da segunda metade do século XX, a ênfase que se dá na literatura sobre a sexualidade adolescente à relação entre a religião e a sexualidade humana ainda é a da repressão, ou seja, a religião vista praticamente como somente repressora da sexualidade. Assim, a religião aparece quase que só como repressora, como impedidora do prazer e da liberdade sexual, o que de fato é muitas vezes. O que quero salientar é que, ao ficarem apenas nessas constatações simples e de senso comum, essa literatura e, com ela, a orientação sexual na escola, perdem de vista importantes parceiros: os movimentos religiosos que buscam uma visão mais ampla e solidária da sexualidade humana. Em outros termos ainda, o que digo é que a religião é um fenômeno complexo demais para poder ser reduzido apenas às manifestações oficiais das instituições religiosas, e esse fato parece que ainda não foi devidamente percebido ou debatido pelos profissionais que lidam com orientação sexual na escola.

De certa forma, a religião é apresentada pela literatura estudada quase como se fosse um monumento monolítico imutável, impermeável aos avanços da história e da consciência social. Fica a impressão de que só haveria duas alternativas para as pessoas – ou se submeteriam a essa denunciada repressão, ou abandonariam a religião para poderem exercer a liberdade sexual. Uma terceira alternativa, que encontrei levantada explicitamente apenas em Marta Suplicy,[4] embora sem a confiança em uma boa solução, seria a pessoa ficar na religião e não se submeter a suas leis morais, que é uma alternativa muito comumente utilizada pelas pessoas, como veremos mais adiante, e que traz, historicamente, resultados no mínimo intrigantes. Antes de mostrar alguns dos muitos exemplos dessa terceira alternativa, quero apresentar dados sobre os resultados que ela pode alcançar, que podem desfazer ao menos parte da ideia ainda preconceituosa que muitos estudiosos apresentam sobre a religião.

Edgard Gregersen (1983) faz um interessante apanhado de modificações ocorridas na moral sexual religiosa no correr dos tempos, embora ele também cometa o erro de não levar em conta a história humana antes do período judaico-cristão. Assim é que ele começa o seu levantamento por uma mudança relativamente recente, ocorrida em 1930, quando, na Conferência de Lambeth da Comunhão Anglicana, a condenação prévia do controle da natalidade foi modificada; mais tarde, na conferência de 1958, proclamou-se a obrigação cristã de limitar a natalidade, uma regra que foi aplicada à Igreja da Inglaterra, à Igreja Episcopal dos Estados Unidos e a vários grupos afins. Gregersen (1983, p. 14) comenta: "Essa foi a primeira vez, em uma tradição de mais de 3000 anos, que o sexo foi considerado moral mesmo que a procriação tenha sido tornada deliberadamente impossível de se conseguir".

Há outras mudanças apontadas por Gregersen como: para os primeiros cristãos (e, mais tarde, para todos os cristãos, exceto para os ortodoxos orientais, segundo Gregersen) não se dava nenhuma consideração especial à menstruação, os cristãos abandonaram o *mikvah*, uma casa judaica de banhos rituais para purificação

---

[4] Os jovens que decidirem ter um comportamento sexual diferente do que ensina sua religião ou família, terão que aprender a lidar com o conflito em seus sentimentos. É melhor discutir esses conflitos e não guardá-los na gaveta. Muitas vezes eles não serão solucionados, mas certamente conversar ajudará a conviver com esses sentimentos. (SUPLICY, 1998, p. 37)

das mulheres menstruadas ou no puerpério; outra modificação dos primeiros cristãos foi não considerarem a polução noturna impura, ao contrário dos judeus ortodoxos, para quem toda deposição do sêmen fora da vagina é impura; ainda mais importante historicamente foi a introdução pelo cristianismo da monogamia: "A cristandade não introduziu a monogamia entre os pagãos; em vez disso, adotou uma instituição social pagã e abandonou o costume judaico (da poliginia)" (Gregersen, 1983, p. 15).

Gregersen (p. 15) comenta as mudanças ocorridas na moral religiosa:

> As mudanças discutidas até aqui são óbvias. O exame de rituais e escrituras sugere várias outras mudanças significativas e um tanto inesperadas. Elas não são aceitas por todos os estudiosos, e os ortodoxos a rejeitarão completamente.

Dentre essas mudanças significativas e inesperadas, o autor cita a extinção da prostituição sagrada, que teria existido entre os hebreus, e diferentes regras sobre o incesto, casamento e sobre o sexo no casamento, para concluir que a tradição judaico-cristã não é imutável, pelo contrário, pois ao longo da história deu e continua dando respostas a forças externas e internas que clamaram e clamam por mudanças. Complementando Gregersen, Araújo (1997, p. 38), depois de destacar a importância do Concílio Vaticano II, "marco de sensíveis transformações fermentadas ao longo de três décadas do século XX, anteriores à sua realização", considera que uma das provas das mudanças pelas quais pode passar uma tradição é o recente catecismo católico, no qual "a sexualidade é fonte de alegria e de prazer, e que embora defenda as teses tradicionalistas da Igreja, não mantém um posicionamento restritivo quanto ao corpo".

Penso que parte das justificativas para as mudanças na moral religiosa advém da pressão dos fiéis, pois a religião é dinâmica, como, aliás, ensina Houtart (1994, p. 28): "A religião, como parte das representações, é também um produto do ator social humano. Isso é perfeitamente compreensível porque toda realidade cultural, toda realidade ideal, é um produto social". Um exemplo disso, pode-se notar, no Brasil, com diversas mudanças de atitudes de padres católicos para com seus fiéis depois da expansão das igrejas neopentecostais. Além disso, é importante lembrar que, com as mudanças propiciadas pela globalização, aparecem inúmeras transformações nos conteúdos e nas formas da vida social, com influências também no campo religioso, principalmente através de novas alternativas religiosas, inclusive com mudanças nas religiões institucionalizadas.

Essas mudanças internas e externas nas religiões se dão porque vivemos um período de desconstrução. Para Monick, desconstruir não é reconstruir, mas revitalizar: ao se desconstruir, o que se pretende é:

> Desinstitucionalizar a razão, a lei, e especialmente, a linguagem. Ao rejeitar o significado fixo, a imutabilidade e a temporalidade dos signos, sejam eles verbais ou espaciais, os desconstrucionistas atacam o modelo patriarcal. (1993, p. 146)

Elisabeth Lacelle, explica as mudanças que já estariam acontecendo no plano religioso principalmente após os anos 1980, ao afirmar que:

> As categorias heurísticas do patriarcado, do androcentrismo e do sexismo, foram substituídas, agora, pelas categorias heurísticas da comunidade humana, integrando a mulher e o homem numa parceria igualitária (o que não implica necessariamente a supressão da diferença sexual), do humanocentrismo integrador do feminino e do masculino (as diversas teorias andróginas) e do desenvolvimento das pessoas sexuadas que são a mulher e o homem. As tradições religiosas são, assim, examinadas de novo naquilo que trazem de promessas de transformação a partir do interior mesmo de sua tradição fundadora. (2002, p. 02)

No campo da sexualidade humana, a pressão por mudanças na moral social tem crescido e, quero crer, mais cedo ou mais tarde – e apesar de um certo caos vivido agora – frutificará em um sentido mais amoroso e solidário para a sexualidade. Alguns fatos recentes são bons exemplos dessa pressão por uma mudança de postura nas religiões; dentre esses fatos, destacarei dois, ambos relativos ao divórcio, além de uma pesquisa do CERIS.

Há algum tempo, mais precisamente em 28 de janeiro de 2002, o Papa João Paulo II exortou os advogados italianos a que evitem assumir casos de divórcio, pois o casamento, por ser um sacramento, é indissolúvel e a lei divina se impõe sobre a lei dos homens. A reação da população foi rápida, segundo a *Folha de São Paulo*:

> *Uma sondagem conduzida ontem pelo grupo de pesquisas Datamedia mostrou que 87,5% dos entrevistados discordam do Papa, líder espiritual de cerca de 1 bilhão de católicos do mundo. O pontífice foi criticado de todos os lados, por grupos que variam de organizações de mulheres até políticos de todas as tendências.* (Folha de São Paulo, 30/01/2002, p. A11)

É bastante plausível a possibilidade de que esse tipo de reação popular acabe por trazer mudanças na moral sexual religiosa, como já acontece em relação a outro aspecto desse mesmo tema: o divórcio; também nesse caso, na Igreja Católica. Algumas leis acabam modificadas por causa de mudanças éticas – portanto, baseadas no diálogo – derivadas das conquistas das pessoas ligadas às religiões. Há um interessante exemplo disso em reportagem da mesma *Folha de São Paulo*, na qual se lê que:

> *Discretamente, em cerca de 150 das 280 dioceses do país já foram criadas pastorais de casais em segunda união. É uma forma que a Igreja Católica encontrou para abrir as portas aos descasados, antes banidos da vida religiosa. Cerca de 5000 casais separados e recasados participam hoje dos trabalhos dessas pastorais.* (Folha de São Paulo, 12/08/2001, p. C4)

Uma pesquisa (de 2000) do CERIS (Centro de Estatística Religiosa e Investigação Social, com sede no Rio de Janeiro), realizada em seis grandes regiões metropolitanas brasileiras (Belo Horizonte, Porto Alegre, Recife, Rio de Janeiro, Salvador e São Paulo), com indivíduos das classes C, e principalmente, D e E, procurou investigar as crenças dos entrevistados, além de, entre outros temas, a experiência, a prática religiosa e as orientações éticas, essas últimas com opiniões sobre temas de ética sexual e bioética. Nas questões relativas à sexualidade, encontraram-se alguns dados interessantes, quer seja entre os católicos, quer seja entre os não católicos. Em São Paulo, por exemplo, o planejamento familiar e a contracepção apresentam aceitação por mais de 70% das pessoas, percentagem maior que a dos que aceitam o divórcio (45% dos católicos e 52% dos não católicos) e o segundo casamento (índices superiores a 50%), e bem diferente da aceitação do sexo antes do casamento (33% e 25%) e da homossexualidade (com índices de menos de 10% de pessoas favoráveis, quer seja entre os católicos, quer seja entre os não católicos).

Apresento aqui esses dados porque eles me parecem importantes para que se reflita sobre essa força que vem dos fiéis e que acaba por modificar as posições das religiões no contato sempre dialético entre fiéis e organização religiosa. Para Peter Berger (1985, p. 148), "a secularização causa o fim dos monopólios das tradições religiosas e, assim, *ipso facto*, conduz a uma situação de pluralismo" cuja característica-chave é que "os ex-monopólios religiosos não podem mais contar com a submissão de suas populações. A submissão é voluntária e, assim, por definição, não é segura", o que acaba por gerar um maior poder para os fiéis dentro de cada organização religiosa. Penso que, por exemplo, a abertura da Igreja Católica para os casais em segunda união vem no bojo de uma maior aceitação por parte dos fiéis do divórcio e do segundo casamento.

Quando a orientação sexual na escola tenta se eximir de lidar com a religião e a moral religiosa, ou mesmo quando fica presa a um olhar relativamente preconceituoso sobre a religião, perde a possibilidade de ser incremento nesse diálogo – um diálogo necessário – entre as religiões e a sociedade. Na realidade, os temas discutidos na orientação sexual na escola são discutidos também pelas religiões, muitas vezes com óticas bem próximas. Observe-se, por exemplo, a opinião dos pesquisados pelo CERIS (2000, p. 101) em São Paulo sobre qual deveria ser a conduta de sua religião quanto ao planejamento familiar:

> *Entre os informantes católicos, 53% dos entrevistados consideram que sua religião deveria debater, orientar e sugerir uma linha de conduta aos fiéis, sem "impor" uma solução na questão do planejamento familiar; 22% não se posicionaram; 19% acham que a religião não deveria se envolver com essa questão, sendo uma decisão de foro íntimo ou da consciência de cada um e 6% acham que a religião deveria "impor" sua visão de conduta aos fiéis. Já entre os não católicos, 42% não se posicionaram; 38% consideram que sua religião deveria debater, orientar e sugerir uma linha de conduta aos fiéis, sem "impor" uma solução; 12% acham que a religião não deveria se envolver com essa questão, sendo uma decisão de foro íntimo ou da consciência de cada um e 7% acham que a religião deveria "impor" sua visão de conduta aos fiéis.*

Acredito que, de maneira geral, hoje em dia as pessoas estão cada vez mais abertas à discussão sobre os temas da sexualidade humana. Isso pode facilitar um caminhar ético em direção a um horizonte no qual as delimitações sobre a sexualidade, as fronteiras morais da sexualidade, serão baseadas no amor e no prazer, no autorrespeito e no respeito mútuo, na solidariedade e no desejo. A orientação sexual na escola é um dos instrumentos para esse caminho, par a par com a religião, desde que possam ter melhores e mais confessáveis diálogos. Para que esses diálogos possam se dar num clima de maior clareza e de melhores trocas, é importante que se note que há alguns pontos nos quais a religião tem muito o que oferecer à orientação sexual na escola, e vice-versa. Há uma tendência – justificada – de se olhar mais para o que a orientação sexual tem a oferecer à religião que o inverso, como se a religião já tivesse esgotado seu repertório de influências na sexualidade humana e estivesse já inteiramente ultrapassada. Isso não é verdade: há diversas contribuições que a religião pode dar ao trabalho de orientação sexual na escola. A questão dos símbolos em sexualidade humana é um dos pontos em que religião e orientação sexual têm muito o que conversar.

RELIGIÃO, ORIENTAÇÃO SEXUAL, SÍMBOLOS

Depois de definir que "um símbolo é uma maneira condensada de dizer algo por baixo de nossa corriqueira linguagem discursiva" (1992, p. 155), Rollo May dá a etimologia da palavra "símbolo", que "deriva de duas palavras gregas, *syn* e *ballein*, que juntas, significam 'juntar, reunir' " (1992, p. 158).

Segundo Rubem Alves:

> *Símbolos assemelham-se a horizontes. Horizontes: onde se encontram eles? Quanto mais deles nos aproximamos, mais fogem de nós. E, no entanto, cercam-nos atrás, pelos lados, à frente. São o referencial do nosso caminhar. Há sempre os horizontes da noite e os horizontes da madrugada... As esperanças do ato pelo qual os homens criaram a cultura, presentes no seu próprio fracasso, são horizontes que nos indicam direções. E essa é a razão por que não podemos entender uma cultura quando nos detemos na contemplação dos seus triunfos técnicos/práticos. Porque é justamente no ponto onde ele fracassou que brota o símbolo, testemunha das coisas ainda ausentes, saudade de coisas que não nasceram... É aqui que surge a religião, teia de símbolos, rede de desejos, confissão de espera, horizonte dos horizontes, a mais fantástica tentativa de transubstanciar a natureza.* (1990, p. 19)

Para Jung, símbolos são termos, nomes ou imagens que fazem parte do nosso dia a dia e que possuem conotações especiais que vão além do convencional e da obviedade cotidiana, do seu significado manifesto e imediato:

> *Implica alguma coisa vaga, desconhecida ou oculta para nós. [...] Por existirem muitas coisas fora do alcance da compreensão humana é que frequentemente utilizamos termos simbólicos como representação de conceitos que não podemos definir ou compreender integralmente. Essa é uma das razões por que todas as religiões empregam uma linguagem simbólica e se exprimem através de imagens.* (JUNG, pp. 20-21)

Cassirer defende que o ser humano, por ter descoberto o que se pode chamar de um novo método para se adaptar ao seu ambiente e por não estar mais em um universo meramente físico, vive num universo simbólico, uma vez que:

> *Entre o sistema receptor e o efetuador, que são encontrados em todas as espécies animais, observamos no homem um terceiro elo que podemos descrever como o sistema simbólico. Essa nova aquisição transforma o conjunto da vida humana. Comparado aos outros animais, o homem não vive apenas em uma realidade mais ampla; vive, pode-se dizer, em uma nova dimensão da realidade.* (1994, p. 47)

Cassirer continua afirmando que a linguagem, o mito, a arte e a religião são partes dessa nova dimensão da realidade:

> *São os variados fios que tecem a rede simbólica, o emaranhado da experiência humana. [...] O homem não pode mais confrontar-se com a realidade imediatamente. [...] Em vez de lidar com as próprias coisas, o homem está, de certo modo, conversando constantemente consigo mesmo. Envolveu-se de tal modo em formas linguísticas, imagens artísticas, símbolos míticos ou ritos religiosos que não consegue ver ou conhecer coisa alguma a não*

> ser pela interposição desse meio artificial. [...] Em vez de definir o homem como animal rationale, deveríamos defini-lo como animal symbolicum. (1994, pp. 48-50)

Esse *animal simbólico* realiza sua função simbólica principalmente através da religião, campo por excelência para esse tipo de representações, como se pode depreender de Alves, Jung e Cassirer. Mas a capacidade de simbolização do ser humano não se esgota na religião, atingindo outras instâncias da vida. Dentre todas as facetas da existência humana, certamente a sexualidade é uma das mais permeadas por símbolos, muitos deles religiosos, outros nem tanto.

Com facilidade pode-se perceber que qualquer que seja a cultura humana, em qualquer tempo, ela tem seu cotidiano permeado de símbolos, sua visão de mundo está repleta de simbolismos e, por consequência, também sua sexualidade. Por exemplo, dentre os fenômenos ligados à sexualidade humana, certamente um dos mais carregados de força simbólica é a menstruação, daí a existência, em quase todas as culturas humanas, de mitos e rituais ligados a ela. Em nossos dias e em nossa cultura, alguns cientistas procuram desfazer os mitos ligados à menstruação, tratando-os como superstições, como, por exemplo, na seguinte afirmação de Moacir Costa:

> *Em algumas culturas e tribos indígenas da Amazônia e de algumas nações da África, a mulher deve se isolar na selva, ou em local específico, até que a menstruação acabe. Também em nossa sociedade resistem muitos mitos, mas todas essas crenças são falsas. [...] A menstruação quase sempre foi encarada muito mais como um problema ou situação desconfortável, e menos como um fato biológico natural. Os mitos sobre a menstruação e a atividade sexual ainda persistem atualmente, e a abstinência sexual nesse período é consequência dessas crendices.* (1997, p.70)

Tratar um fenômeno assim como apenas crença falsa, crendice ou superstição, é uma forma de se tentar retirar dele o conteúdo simbólico. Essa conduta traz o risco de esvaziar a existência humana, pois a distância entre a revisão dos símbolos e sua desqualificação é mínima, e me parece que o caminho da ciência em nosso mundo globalizado tem, por muitas vezes, passado mais pela negação e desqualificação do símbolo, principalmente daqueles mais tradicionais na cultura, que pela revisão respeitosa.

Isso não quer dizer que não se deva procurar a compreensão científica do mundo, inclusive da sexualidade humana e de seus fenômenos. Perls, Hefferline e Goodman (1997, pp. 124-127) fazem um longo arrazoado, defendendo a ideia de que o ser humano ocidental vive em um mundo de símbolos e que precisa se voltar mais às concretudes da vida para que os símbolos não sejam colocados no lugar da natureza, mas, sim, junto dela. Penso que o olhar científico, mais voltado às concretudes, ganharia muito se levasse mais em conta o olhar simbólico, inclusive o simbólico religioso. Nem tanto ao mar, nem tanto à terra, diz o ditado popular, ou seja, não se pode lidar com os fenômenos sexuais humanos somente através dos símbolos, mas tampouco se pode lidar com eles apenas se levando em conta os dados concretos, científicos. Nós somos um pouco de cada um desses lados.

Um diálogo com respeito aos símbolos certamente propiciaria ao ser humano a vivência de uma sexualidade mais plena, mais concreta e mais simbólica. Assim, é óbvio que uma abordagem científica da sexualidade e, dentre outros, do fenômeno menstruação, é mais que desejada, uma vez que uma série de comportamentos inadequados ainda permanecem correlacionados com a menstruação, como, por exemplo, o fato de algumas mulheres não entrarem em piscinas, mar, ou ainda não lavarem os cabelos durante o período menstrual. Mas será que esse olhar científico pode de fato prescindir do olhar simbólico? Será que basta informar às mulheres que não há problema nenhum em se lavar os cabelos durante o período menstrual? Será que bastam as informações científicas para que se possa olhar a menstruação apenas como um fato natural? Aliás, a menstruação é apenas um fato natural?

Para Highwater, o corpo da mulher devia fascinar os antigos, de maneira que mesmo no cristianismo a grande mãe acabou sendo venerada, na figura de Maria. Os homens sempre reagiram aos mistérios femininos de diversas maneiras. Em algumas culturas arcaicas a maneira como se deu a socialização obrigava os homens a periodicamente se retirarem da companhia das mulheres, vagueando e formando hordas de caçadores e/ou de guerreiros. As mulheres ficavam tratando das plantas, o que lhes possibilitou, ao observar o ritmo das estações, da morte e do renascimento dos vegetais, e ao verificar a sincronia dos ciclos menstrual e lunar:

> *Compreender as periodicidades primordiais da natureza. A partir dessa coincidência, influenciaram (e talvez tenham descoberto sozinhas) a base sexual da primeira grande religião, astrologia e ciência. Mais importante ainda, as mulheres se tornaram agudamente cônscias do que as distinguia sexualmente das fêmeas animais. Verificaram que o estro, ou cio, não contava para elas. [...] A sexualidade humana originou-se a partir do corpo feminino. E, aproveitando a sua singularidade sexual, as mulheres lograram captar muitos dos elementos essenciais que explicam o caráter especial da consciência, da cultura e da civilização humana.* (HIGHWATER, 1992, p. 53)

Compreendendo seu organismo, as mulheres compreenderam que não dependiam do cio para ter relações sexuais, transformando o ato sexual, de simples meio de reprodução, em um aspecto da cultura: "A sexualidade singular da fêmea, da espécie *Homo sapiens*, representou uma força fundamental na criação da consciência da espécie" (Highwater, 1992, p. 54). Highwater diz ainda que o ser humano tem uma consciência que dá ênfase à sexualidade talvez "porque as origens da consciência humana estejam de certa forma relacionadas com as origens da sexualidade". Esse autor fundamenta seus argumentos no fato de que os humanos são mais libidinosos que os animais. Não estamos presos aos aspectos biológicos da sexualidade, mas vivemos o fenômeno sexual como algo reflexivo. Assim, para Highwater, como para parte significativa dos estudiosos da sexualidade humana, "não faz sentido pensar que a paixão sexual seja a herança arcaica de nossa natureza animal. A nossa sexualidade apaixonada é que constitui o elemento mais humano e menos animalesco de nosso caráter".

Highwater (1992, p. 54), como muitos outros teóricos, entende que a sexualidade feminina foi o modelo da sexualização humana, dando início à hominização dos primatas, pois a mulher é a criatura que, com a unidade de espírito e corpo, sai do ciclo menstrual e cria a primeira religião humana, "a religião da menstruação, dos mistérios do parto e das fases da lua".

Reafirmando a importância da sexualidade feminina no início da consciência e da religiosidade humana, Highwater chega à conclusão de que:

> *Parece que a origem da sexualidade humana se desenvolveu com base na condição feminina, a qual se desvia do estro, ao contrário dos outros mamíferos, assumindo então uma autodeterminação exclusiva do* Homo sapiens. (1992, p. 56)

Além de Highwater, também Esther Harding fala da importância simbólica da menstruação e busca explicações para isso, pois, para ela, apenas a visão do sangue não justificaria os tabus contra a menstruação, uma vez que não há tabus contra feridas que sangram. Uma hipótese levantada por Harding (*apud*. Brandão, 1991, p. 75) se aproxima da hipótese de Highwater: outro motivo para o tabu contra a menstruação seria o de:

> *Tornar possível a evolução dos povos primitivos. Sem essa salvaguarda, tornar-se-ia impossível a homens e mulheres o desenvolvimento de valores especificamente humanos e a libertação do domínio absoluto do instinto animal.*

Julius Evola (1976, p. 216), comentando sobre a importância simbólica da menstruação, escreve que "o lado ambíguo e perigoso da substância feminina parece estar, em seu aspecto oculto, menos relacionado com a potencialidade afrodisíaca do que com a potencialidade demétrica (maternal) da mulher". Evola (1976, p. 217) justifica seu ponto de vista afirmando que é uma tradição quase universal:

> *Ser relativamente aos mênstruos — fenômeno ligado precisamente à possibilidade materna e não à possibilidade afrodisíaca ou dionisíaca da mulher — que a ideia do perigo mágico adquire maior relevo, visto tratar-se de uma influência capaz não somente de paralisar o sagrado, como também de atingir o núcleo mais profundo da virilidade.*

Nenhum desses aspectos simbólicos da menstruação a que se referem Evola, Highwater e Harding está levado na devida conta na literatura mais conhecida sobre a sexualidade adolescente. A mim me parece que o que falta a essa literatura e, muitas vezes, ao trabalho em orientação sexual na escola é o aproveitamento da possibilidade de se juntar o olhar científico mecanicista, tão caro à medicina, e o olhar simbólico, tão caro às religiões e às ciências humanas, numa visão mais ampla e compreensiva da sexualidade humana. É no mínimo interessante notar que nos PCNs, quando se trata do tema da orientação sexual, a palavra "símbolo" não aparece uma única vez, assim como palavras dela derivadas, como "simbólico", "simbolizado", e assim por diante.

Somente essa falta de valorização dos aspectos simbólicos da sexualidade humana justificariam a afirmativa de Tiba (1994, p. 25) de que o pai não deve ficar nu na frente dos filhos porque pode ter uma ereção involuntária, o que seria chato, mas a mãe não precisa ter esse tipo de preocupação, podendo, portanto, desnudar-se na frente dos filhos, pois

> *não tem ereção, e o máximo que pode ocorrer é ela ficar com os bicos dos seios endurecidos. Mas com isso o garoto já está acostumado. Afinal, já mamou bastante tempo e viu essa cena acontecer pelo menos umas quinhentas vezes...*

É em afirmações como essa que me sustento para argumentar que em orientação sexual se dá pouquíssima atenção ao corpo simbólico, como se não se pudesse superar o pensamento concreto. Não é apenas o fato de ter-se ou não uma ereção que deve ser levado em conta quando se pensa em desnudar-se ou não diante dos filhos. Mais do que isso, importam os aspectos simbólicos ligados, por exemplo, à nudez paterna ou ao falo, o qual, aliás, não pode ser reduzido a simples pênis, sujeito ou não a uma ereção, pois, como diz Monick (1993a, p. 19), "o pênis é o falo *in potentia*".

Para Eugene Monick (1993, p. 10), autor de um dos mais interessantes e bem documentados trabalhos sobre os aspectos simbólicos do falo, refletir sobre a masculinidade implica em "concentrar-se sobre o falo, o pênis ereto, o emblema e padrão da masculinidade. Todas as imagens através das quais a masculinidade é definida têm o falo como ponto de referência". Sobre a exposição do pênis, Monick comenta:

> *Os homens expõem seu membro fálico em particular, quando ficam mais à vontade em relação à sua capacidade de realizar façanhas, quando o segredo pode ser compartilhado por outra pessoa na intimidade, ou quando eles se permitem reconhecer a própria potência. Os homens ficam nus juntos somente dentro de um quadro masculino de referência, onde há compreensão mútua, como nos vestiários masculinos. Mesmo então os homens são cuidadosos para não expor o falo. Um conflito surge então. O falo é externo, ele deseja se mostrar de uma maneira aberta, até mesmo ostensiva. O falo se levanta, como para ser notado. É preciso achar uma maneira de lidar com o duplo vínculo: a necessidade de esconder o que exige ser mostrado. O comportamento e as construções substitutivas servem para resolver o conflito. (1993, p. 21)*

Para Monick, a falta de oportunidades sociais/culturais para que os jovens simbolizem seu poder fálico em construções substitutivas, os rituais de passagem, tem consequências:

> Nas modernas sociedades ocidentais, contudo, os homens devem alcançar essas realizações por si mesmos. A consciência social da importância do falo é tão baixa que meios adequados não são fornecidos aos jovens para encontrar seu caminho para a vida adulta. O resultado, frequentemente, é uma exposição exagerada ou uma proteção exagerada. (1993, p. 21)

Esse empobrecimento dos símbolos vem junto com um empobrecimento – e uma certa banalização – da sexualidade humana em nossa sociedade. Isso é fruto, dentre outros fatores, de duas posturas que não se excluem, pelo contrário. Uma delas é uma ênfase exagerada em métodos e olhares que pretendem tomar o ser humano como se fosse máquina, sujeito, portanto, a ser entendido de maneira exata, objetiva, neutra, quase matemática. É a ênfase num suposto natural,[5] que se observa, por exemplo, na maneira de comumente se teorizar sobre a menstruação nos dias de hoje. Hélio Silva e Cristina Florentino (em Parker, 1996, p. 116) dão esperançosa resposta a essa tendência de nossos tempos:

> Um grito deve ser ouvido, des-na-tu-ra-li-zar a homossexualidade; a heterossexualidade; os papéis sexuais; a sexualidade; a sensualidade; o amor e outras categorias que vêm sendo perseguidas

---

5 Para Highwater (1992, pp. 14-15), em nossa cultura o aspecto básico da sexualidade é o biológico, de tal forma que a biologia, por meio da reprodução, foi transformada em "imperativos socioculturais". "Dessa forma, não se vê o comportamento humano como o resultado do livre arbítrio, mas como uma reação necessária aos órgãos e hormônios sexuais." Diz o autor que essa visão (naturalista) do sexo tem o endosso científico da sexologia, mesmo havendo desacordos entre vários sexólogos, os quais, no entanto, não entram em desacordo quanto a esse ponto, pois todos eles apoiam "o conceito naturalista de que a chave do sexo está em algum lugar no recôndito da natureza".

por disciplinas que pretendem a verdade. Projeto difícil, discurso politicamente complicado de ser "compreendido" e aceito, visto que abala setores, concepções, hierarquias, valores, posturas – enfim, uma estrutura que dialeticamente vem sendo construída há séculos. Mas, apesar de ser difícil, é um exercício necessário, pois não se trata de negar a história, mas acautelar seus sujeitos para que não revivam seus pesadelos.

A outra postura que facilita o distanciamento dos símbolos é a secularização, assunto importante quando se estudam os encontros entre a orientação sexual na escola e a religião.

RELIGIÃO, ORIENTAÇÃO SEXUAL, SECULARIZAÇÃO

Antes de qualquer comentário, é importante que se entenda da maneira mais clara possível, ainda que respeitadas as limitações desse estudo, o que é a chamada secularização da cultura. Sob o ponto de vista mais comumente aceito hoje e cuja origem remonta a Max Weber,[6] a secularização é um processo que, a partir da Idade Média, marca a ruptura entre a sociedade tradicional e a sociedade moderna e que se dá através da ampliação das matrizes de valor, descentralizando a religião. Em outros termos, a secularização marca uma ampliação das instâncias que conferem sentido ao real, tarefa exclusiva da religião até então. A partir da secularização, a religião passa a ser assunto individual, privado. O ponto alto da secularização é a chamada racionalidade técnico-científica-econômica, ou seja, a substituição

---

6   Max Weber (1864-1920), um dos mais brilhantes teóricos da sociologia, abriu um novo caminho na investigação dos fenômenos sociais. Ele dedicou grande parte de sua obra ao estudo das relações das religiões com as estruturas sociais e econômicas da cultura. Weber é certamente um dos mais importantes estudiosos da secularização, tendo, inclusive, sido o responsável pelo uso da expressão *Entzauberung* nos estudos sobre a secularização. Nesse estudo preferi não me basear diretamente na obra de Weber, apoiando-me mais em seguidores seus, para não correr o risco de perder de vista o foco principal: as inter-relações entre a orientação sexual na escola e a religião.

dos meios mágicos de compreensão do mundo pela técnica e pelo cálculo, o que vai receber o nome de desencantamento do mundo.

Um mundo "desencantado" quer dizer um mundo livre de toda visão mágico-religiosa e interpretado exclusivamente pela razão. Segundo Martelli (1995), para Weber o termo "secularização" era ambíguo, de maneira que ele preferia o termo alemão *Entzauberung* que significa "desmagização" (traduzido geralmente como "desencantamento do mundo"), pois corresponde melhor ao processo de racionalização de todas as esferas da sociedade e não só ao aspecto religioso. Mas, a despeito de Weber, o termo "secularização" ganhou um uso mais comum que o "desencantamento do mundo"; deriva-se de secular e, em linguagem eclesiástica, quer dizer profano, mundano, relativo ao mundo, quer dizer "desmagizado".

Comentando sobre o termo secularização, Peter Berger (1985, p. 117) afirma que ele tem uma história aventurosa, pois, além de ter sido usado para indicar a perda do controle de territórios ou de propriedades por parte de autoridades eclesiásticas, no direito canônico ele passou a designar o retorno de um religioso ao mundo. Para Berger, embora a princípio o termo pudesse ser utilizado de maneira não valorativa, mais recentemente o termo *secularização*, bem como seu derivado *secularismo*, é utilizado de maneira ideológica, marcado por conotações valorativas, positivas e negativas, pois:

> *Em círculos anticlericais e "progressistas", tem significado a libertação do homem moderno da tutela da religião, ao passo que, em círculos ligados às Igrejas tradicionais, tem sido combatido como "descristianização", "paganização" e equivalentes.*

Para Hinkelammert:

> *A secularização começa pela queima das bruxas. A magia particular, um dos grandes obstáculos para o exercício do poder na sociedade pré-moderna, é destruída. É substituída pela magia da sociedade e da natureza como totalidade. Trata-se do que Marx chama de fetichismo. Essa "desmagização" e posterior*

> *"remagização" fetichista do mundo é a condição para o exercício indiscriminado da racionalidade formal da sociedade burguesa. A queima das bruxas é a revolução cultural de que nasce a sociedade burguesa.* (1995, p. 157)

No processo de secularização, grandes setores da sociedade e parte significativa dos meios culturais se desvinculam de uma dominação por parte das instituições religiosas e de seus símbolos. Berger defende que há dois olhares para se observar a secularização, um histórico e outro simbólico. Assim, no aspecto da história ocidental moderna:

> *A secularização manifesta-se na retirada das igrejas cristãs de áreas que antes estavam sob seu controle ou influência: separação da Igreja e do Estado, expropriação das terras da Igreja, ou emancipação da educação do poder eclesiástico, por exemplo.* (1985, p. 119)

No que diz respeito à cultura e seus símbolos, podemos dizer que:

> *A secularização afeta a totalidade da vida cultural e da ideação, e pode ser observada no declínio dos conteúdos religiosos nas artes, na filosofia, na literatura e, sobretudo, na ascensão da ciência, como uma perspectiva autônoma e inteiramente secular, do mundo.*

Para Berger não há como explicar um fenômeno importante como a secularização atribuindo-lhe apenas uma causa. Ele levanta a possibilidade de que, mesmo a tradição religiosa do Ocidente, possa ter trazida em si as sementes da secularização. Afirma ainda que, na compreensão do processo de secularização da sociedade ocidental, o fator religioso deve ser considerado sempre em relação dialética com as bases práticas e mundanas da vida social.

Defendendo a ideia de que as sementes para a secularização no Ocidente já estavam na religião, Berger (1985, p. 124) diz que o protestantismo, por fazer uma redução do âmbito do sagrado na realidade:

> Despiu-se tanto quanto possível dos três mais antigos e poderosos elementos concomitantes do sagrado: o mistério, o milagre e a magia. Esse processo foi agudamente captado na expressão "desencantamento do mundo". (ENTZAUBERUNG der WELT)

Como o protestantismo aboliu as mediações entre o ser humano e o sagrado, mediações tão presentes no catolicismo com seus santos, seus sacramentos, seus milagres (uma vasta continuidade de ser entre o que se vê e o que não se vê), ele "atirou o homem de volta a si mesmo de uma maneira sem precedentes na história", mesmo não sendo essa sua intenção. A realidade que teve reduzido o âmbito do sagrado ficou mais permeável e mais receptiva à

> penetração sistemática e racional, que associamos à ciência e à tecnologia modernas. Pode-se sustentar, pois, que o protestantismo funcionou como um prelúdio historicamente decisivo para a secularização, qualquer que tenha sido a importância de outros fatores. (BERGER, 1985, pp 124-125)

Berger vai ainda mais longe, e sustenta que o desencantamento do mundo começa no Antigo Testamento. Para desenvolver sua tese, ele situa o antigo Israel no contexto das culturas em meio às quais ele surgiu e contra as quais se insurgiu. Tais culturas eram "cosmológicas", o que implica em um mundo humano inserido numa ordem cósmica que abarca o universo inteiro. Não há uma distinção clara entre o humano e o não humano, ou seja, há uma continuidade entre o empírico e o supraempírico. O ritual religioso reestabelece repetidas vezes essa continuidade. Falhas humanas podem romper essa continuidade, provocando um distúrbio na ordem cósmica que será punido através de uma correção que visa o restabelecimento do relacionamento adequado entre a terra e a ordem cósmica: "As coisas humanas são continuamente nomizadas por meio da cosmificação, ou seja, são trazidas para a ordem cósmica fora da qual só há o caos" (Berger, 1985, pp. 126-127).

Para Berger, esse tipo de universo dá uma grande segurança ao indivíduo, uma vez que "tudo o que venha a acontecer, embora possa ser terrível, *tem sentido* para ele, por estar relacionado ao significado último das coisas" (1985, p. 127).

No que se refere à sexualidade humana, essa saída da ordem cósmica traz mudanças. Berger as observa através da manutenção de uma contínua atração pela prostituição sagrada, a qual não aconteceria devido à concupiscência humana, uma vez que é possível se presumir a existência de inúmeras prostitutas *não sagradas*. A atração referente à prostituição sagrada, para Berger (1985, p. 127), se fundamenta em um "desejo religioso total, a saber, na nostalgia da continuidade entre homem e cosmos, mediada sacramente pela sexualidade sagrada". Julius Evola (1976, pp. 266-267) complementa o olhar de Berger ao lembrar que a prostituição sagrada tem a função, no âmbito dos Mistérios da Grande Deusa, de atualizar "a presença real de uma determinada entidade suprassensível, num certo ambiente ou a transmissão participativa a um indivíduo ou a um grupo da influência espiritual que lhe corresponde". Dois aspectos devem ser distinguidos: por um lado, o costume que exigia que cada jovem, ao atingir a puberdade, se oferecesse no recinto sagrado do templo, a um estranho que fizesse uma oferenda simbólica e invocasse a deusa, "num objetivo, não de amor profano, mas de sacralidade"; por outro lado, havia um grupo fixo de servidoras da deusa (hieródulas), "sacerdotisas cujo culto consistia no ato para o qual os modernos não sabem encontrar outras palavras que não sejam *prostituir-se*". Essas sacerdotisas celebravam o amor físico num sentido de um rito mágico operativo, "servindo de corpo à 'presença' da deusa, e, ao mesmo tempo, para transmitir sua influência ou virtude àqueles que, como num sacramento eficaz, se uniam a essas jovens". Esse ato sexual tinha, como estrutura, "uma função idêntica à da participação eucarística; constituía o instrumento para a participação do homem no *sacrum,* que nesse caso era detido e administrado pela mulher". Esse ato sexual seria, então, uma técnica que pretendia obter um contato experiencial com a divindade, uma entrega à divindade, na qual "o traumatismo do ato sexual, com o que implica de interrupção de consciência individual, constituía uma condição particularmente propícia a essa participação. Tudo isso por princípio".

Esse esclarecimento sobre a prostituição sagrada é útil para a compreensão da falta de valorização na cultura ocidental, e, por consequência, na orientação sexual na escola, da sexualidade como forma de aproximação do sagrado. Essa maneira de vivenciar a sexualidade parece ter ficado confinada a culturas primitivas, como vimos com Eliade, e a algumas raras manifestações ao longo da história do Ocidente. Segundo Evola (1976, p. 272), a base doutrinal para que se possa olhar a sexualidade humana como meio de encontro com o sagrado, "é a ideia de que o limite humano e individual possa ser abolido, (a ideia) de que em casos determinados uma 'presença real' possa encarnar-se, aparecer ou ativar-se por transubstanciação no indivíduo – homem ou mulher". Para Evola (1976, p. 171), essa ideia só pôde ser aceita pela humanidade tradicional "graças à concepção inata que tinha do mundo", ou seja, nos termos de Berger, graças ao fato de essas culturas serem cosmológicas.

Para Berger, os êxodos de Israel representam uma ruptura com essas culturas cosmológicas e essa ruptura pode ser compreendida a partir de três características dominantes: transcendentalização, historicização e a racionalização da ética.

A transcendentalização se caracteriza pela postulação, pelo Antigo Testamento, de um Deus que está fora do cosmos, um Deus que cria o cosmos e com o qual se defronta.

> Esse Deus é radicalmente transcendente e não se identifica com nenhum fenômeno natural ou humano. [...] Era um Deus vinculado a Israel historicamente (e não naturalmente), de maneira que fundamentalmente imune às manipulações mágicas. (1985, p. 129)

Berger (1985, pp. 130-131) faz uma longa argumentação para demonstrar que há uma "polarização bíblica fundamental entre o Deus transcendente e o homem, com um universo inteiramente 'demitologizado' entre eles", uma demitologização na qual o traço da historicização já está implícito. "A fé de Israel era *histórica* desde as fontes mais antigas até a sua codificação canônica", uma vez que o Antigo Testamento "gira em torno da história de uma forma que nenhum outro grande livro religioso do mundo o faz (inclusive o Novo Testamento)".

A transcendentalização de Deus e o concomitante desencantamento do mundo, segundo Berger, colocaram a história como arena das ações divinas e humanas. Ações divinas realizadas por um Deus que está inteiramente fora do mundo; ações humanas que "pressupõem uma considerável individuação na concepção do homem (1985, p. 131). Os homens se tornam menos representantes da coletividade e mais indivíduos únicos e distintos.

A seguir, Berger (1985, p. 132) fala da historicidade que abrange o culto e a lei no antigo Israel. Para ele, as duas festas cultuais mais importantes do Antigo Testamento são historicizações de momentos que antes tinham legitimidade mítica; da mesma maneira, em Israel antigo, e diferentemente do resto do Oriente Próximo antigo, "a lei e a ética *não* estão fundadas numa ordem cósmica eterna, mas nos mandamentos concretos e historicamente mediados do *Deus vivo*".

Quanto à questão da racionalização, Berger (1985, p. 133) afirma que, no Antigo Testamento, ela é a capacidade de impor racionalidade à vida. Para ele, a racionalização está intimamente relacionada com a transcendentalização e a historicidade; essa racionalização deriva de um "caráter antimágico do javismo" e conduz a uma ética sacerdotal racionalizante, pois exclui do culto os elementos mágicos e orgiásticos, além de desenvolver a lei religiosa (*torah*) como a disciplina fundamental da vida cotidiana, de modo que "o judaísmo da diáspora pode ser visto como o triunfo da racionalidade, num sentido especificamente jurídico". Berger defende, no entanto, que, mais do que o judaísmo, foi o cristianismo o meio mais eficaz de passagem desse traço de racionalização para a cultura ocidental do mundo atual.

Em um esforço de síntese, posso afirmar que, para Berger, o "desencantamento do mundo", que criou problemas nômicos singulares para o Ocidente moderno, tem raízes que antecedem bastante à Reforma e ao Renascimento, os quais são tidos comumente como seus marcos iniciais. Berger (1985, p. 134) sustenta que:

> Qualquer que tenha sido o perfil religioso de Jesus e de seus primeiros seguidores, parece fora de dúvida que, a forma de cristianismo que se tornou dominante na Europa, representa um passo atrás em termos dos traços de secularização da religião do Antigo Testamento.

Em outras palavras, o que Berger diz é que, por causa da noção de encarnação de Jesus, o cristianismo, de certa maneira, reencantou (remitologizou) o mundo, pois a noção de que algo ou alguém possa estar ao lado de Deus, como mediador entre o homem e Deus é, de certa maneira, uma apostasia cristã do verdadeiro monoteísmo. "Diríamos, na verdade, que o cristianismo teve êxito em reestabelecer uma nova versão de ordem cósmica numa síntese gigantesca da religião bíblica com concepções cosmológicas não bíblicas."

Quanto ao traço de historicização, "o cristianismo latino no Ocidente, pelo menos, manteve-se inteiramente histórico em sua visão do mundo" (Berger, 1985, p. 135).

Berger (1985, pp. 135-136) levanta ainda uma outra característica do cristianismo que teria servido como incremento ao processo de secularização: as peculiaridades da formação social da Igreja Cristã, ou seja, o fato de ela constituir uma instituição especificamente relacionada à religião, contrapondo-se, assim, às outras instituições da sociedade. Essa peculiaridade determina um lugar específico para o sagrado e outro lugar, também específico, para o profano, um profano relativamente independente do sagrado. Enquanto o poder religioso cristão existiu como uma realidade social, pôde haver um equilíbrio entre sagrado e profano, reduzindo a secularização do mundo; com a perda do poder das instituições cristãs, a secularização do mundo se acelerou, uma vez que o profano já havia sido definido como resguardado da jurisdição do sagrado propriamente dito. Para Berger, "o desenvolvimento lógico disso pode ser visto na doutrina luterana dos dois reinos, na qual a autonomia do 'mundo' secular recebe de fato uma legitimação *teológica*".

Essa autonomia do mundo secular não é uma autonomia plena, como já vimos em Rubem Alves. Ainda assim, ela se manifesta em praticamente todas as esferas do existir humano, e, segundo Paiva (2000, p. 46), indica uma certa ruptura da civilização ocidental com o cristianismo a partir de três processos, a saber, os de diferenciação, racionalização e os processos de mundanização.

Baseado em Tschannen, e próximo de Berger, Geraldo Paiva esclarece que a diferenciação diz respeito a uma mudança, uma redução do campo de atuação da religião, de maneira que ela se torne diferenciada de outras instituições, como a educação, a política e a economia, por exemplo. Essas instituições, por sua vez, passam a funcionar segundo critérios independentes de controle ou orientação religiosa, critérios ditados pela própria lógica interna de cada instituição, caracterizando o processo de racionalização. Todas essas mudanças acabam por fazer com que a religião se torne mais mundana, demarcando o processo de mundanização (Paiva, 2000, pp. 46-47).

No que diz respeito à sexualidade humana, não é difícil perceber esses três processos atuando ao longo do tempo. Basta notarmos a existência de uma disciplina escolar chamada orientação sexual, para perceber o processo de diferenciação em curso na área da educação. Mas há outros exemplos: quando percebemos que as regras relativas às manifestações da sexualidade são determinadas em parte pela religião, em parte pela medicina, pela economia e política, estamos confirmando o processo de diferenciação na secularização da sexualidade, ou seja, estamos demonstrando que a regulação moral da sexualidade humana já não é mais feita somente pela religião. Imagino que, tempos atrás, se um jovem se sentisse culpado por se masturbar, ele procuraria um padre para saber se estava mesmo pecando ou não. Nos dias de hoje, na mesma situação, seria mais provável que nosso jovem procurasse um cientista para saber se o que vive seria normal ou não. A distância entre a concepção de algo como pecado ou como normalidade é o caminho percorrido pela secularização da sexualidade humana: os critérios religiosos, ao menos por ora, já não servem mais para a lógica científica.

Quanto ao aspecto da mundanidade, provavelmente não há tema mais polêmico que esse nas discussões sobre a religião, principalmente quando se trata de questões ligadas à sexualidade. Na Igreja Católica, por exemplo, é relativamente fácil observar que há, pelo menos, duas grandes alas: uma chamada de progressista e outra de conservadora; uma, de certa forma, mais voltada para o cotidiano do mundo das pessoas, principalmente as mais carentes, outra, mais voltada à especificidade original da religião, mais ligada às questões ditas espirituais. Representante da primeira ala, frei Beto marca, na orelha final do livro de Marta Suplicy, a possibilidade mundana de uma mudança na maneira de a religião lidar com a sexualidade humana:

> *Chega a ser inacreditável: deciframos o coração do átomo e descobrimos os buracos negros onde o Universo se contrai e, no entanto, somos ignorantes a respeito de nosso próprio corpo! Claro que a Igreja e os preconceitos familiares tiveram culpa nisso. Tinha-se vergonha de falar sobre o que Deus não teve vergonha de criar. [...] As questões morais e religiosas que dizem respeito à nossa sexualidade devemos discuti-las sem receio.* (1988)

Parece-me importante frisar que, se podemos com relativa facilidade demonstrar a secularização agindo no terreno da sexualidade humana, também nesse terreno ela não é completa, ou, dito de outra forma, também nas questões relativas à sexualidade humana não há um movimento de definitivo afastamento da religião, mas, antes, uma divisão da moralização da sexualidade entre a religião e outras instituições. Embora não seja mais "a" instância reguladora da sexualidade humana, a religião continua sendo uma das mais importantes instâncias reguladoras da sexualidade humana.

Uma vez verificado o caminho do processo de secularização da sociedade ocidental, penso que é conveniente especificar, ainda que de modo sucinto, como isso se dá no Brasil, um lugar onde esse processo de secularização tem aspectos bem peculiares, principalmente no que diz respeito à sexualidade humana.

SECULARIZAÇÃO E SEXUALIDADE NO BRASIL

Algumas das características do processo de secularização no Brasil são destacadas por muitos autores e descritas sem demasiada sofisticação no trabalho do CERIS (2000, p. 11), o qual defende que:

> *No Brasil, de fato, a modernidade não foi capaz de substituir ou eclipsar integralmente a religião; se houve secularização é no sentido que lhe atribui Hervieu-Léger, enquanto transformação e reorganização do campo religioso.*

Quando se trata do campo religioso brasileiro, Pierre Sanchis (em Oro e Steil, 1997, pp. 104-113) chama atenção para o fato de que estamos vivendo o fim da "hegemonia – quase que monopólio – católica" no Brasil e uma espantosa diversidade religiosa, "articuladamente institucional e subjetiva", que parece ter raízes antigas no país. Sanchis fala de lógicas copresentes em combinações variadas que trariam influências pré-modernas (tradicionais, mágico-religiosas), modernas (racionais) e pós-modernas:

> *Uma construção eclética mais ainda do que um verdadeiro sincretismo, que recorta os universos simbólicos e multiplica as*

> "colagens", ao sabor de uma criatividade idiossincrática, radicalmente individual, mesmo se articulada em tribos de livre escolha.

Sanchis conclui:

> Talvez o exame do campo religioso brasileiro contemporâneo possa nos ter mostrado, entre as permanências de onde brotam as novidades, a teimosia de uma "tradição" (pré-modernidade?) brasileira, feita da articulação, nunca reduzida à unidade sistemática, de identidades plurais, porosas e relativamente fluídas.

Para Sanchis, no Brasil há um sincretismo que se moderniza, mas persiste.

Ao olharmos para as mudanças da influência das instituições religiosas na vida social brasileira ao longo da nossa história, certamente encontraremos um decréscimo do poder dessas instituições, um decréscimo que se deve, ao menos em parte, a esse sincretismo persistente. Por outro lado, ao mirarmos as motivações e práticas individuais, as crenças e as práticas religiosas de indivíduos e de grupos, principalmente os urbanos, encontraremos pelo menos três características importantes: a privatização do sagrado, o trânsito religioso, a ampliação e deslocamento do sagrado (CERIS, 2000, p. 12).

A privatização do sagrado é a característica que mais vai nos interessar por ora, pois é a que mais serve de embasamento para a criação de uma moral sexual brasileira, se é que se pode chamar assim, já que na privatização do sagrado predomina a lógica pessoal, consciente ou inconscientemente construída, em direção à busca religiosa e à apropriação de fragmentos de sistemas religiosos diversos. Vem daí a ideia de que haveria um mercado religioso, através do qual as pessoas poderiam escolher a religião que melhor satisfizesse ou simplesmente professar alguma crença sem obrigatoriamente reconhecerem-se como possuidoras de uma religião no sentido formal. Esse tipo de crença existe em pessoas que valorizam a crença no sagrado, mas não se comprometem realmente com instituições religiosas. Essa tendência determina um menor poder de influência das instituições na vida das pessoas, com óbvias consequências na vivência da sexualidade.

O trânsito religioso caracteriza-se por uma circulação das pessoas de uma religião para outra, como se fossem nômades, embora, no Brasil, esteja praticamente restrito às religiões cristãs.

A ampliação e o deslocamento do sagrado dizem respeito a uma certa expansão do sagrado de seus limites tradicionais:

> [...] diluindo-se as fronteiras entre ciência e religião, por exemplo. Assim, a dimensão sagrada envolve cruzamentos sem contornos fixos entre ciência, arte, medicina, psicologia, filosofia, ou seja, um religioso flutuante, múltiplo e disperso. (CERIS, 2000, p. 13)

Esse formato da religiosidade do brasileiro fez surgir a expressão "religiosidade mínima brasileira", cunhada por André Droogers, que caracteriza algo que alimenta um chão comum a todas as religiões que se enraízam no Brasil. O conceito se refere a uma religiosidade que faz parte da cultura brasileira e que se manifesta publicamente em contextos seculares, inclusive os veículos de comunicação de massa, e na linguagem popular. Caracteriza-se por frequentes referências à fé e a Deus, embora um Deus vago, subjetivo, ora Deus mesmo, ora Jesus Cristo. A religiosidade mínima brasileira seria um mínimo denominador comum que constitui a identidade religiosa brasileira que, dentre outras influências, permite as três características referidas acima (a privatização, a ampliação e o deslocamento do sagrado, além do trânsito religioso).

Margarida Oliva (1997, pp. 75-77) distingue quatro traços fundamentais da religiosidade brasileira, traços que são importantes para que se possa entender como é construída a moral sexual brasileira. São eles:

1) Atitude de dependência "o futuro a Deus pertence";

2) Privatização da religião (que faz das Igrejas postos de "pronto-socorro");

3) Gregarismo (embora não esteja pronta a formar verdadeiras comunidades, a religiosidade popular se alimenta de atos coletivos) e;

4) Necessidade de sinais concretos (a fé que sustenta a religiosidade mínima é depositada em objetos intermediários concretos, que, de alguma forma, "encerram" o poder sobrenatural: amuletos, talismãs, imagens, palavras, fórmulas de oração, gestos, pessoas...).

Segundo Oliva, esses traços fundamentais da religiosidade revelam a alma brasileira:

> *Fruto de um processo de integração de culturas desenraizadas e transplantadas – as culturas indígena, africana e portuguesa –, realizada sob o manto do catolicismo, a religião do rei, dos conquistadores, colonizadores e senhores.* (1997, p. 80)

A autora argumenta que há duas unificações das três culturas formadoras da alma brasileira, uma unificação aparente e outra básica. A aparente "resulta da imposição da cultura e da religião dos conquistadores, que revestiu as manifestações religiosas sem atingir o âmago das consciências". Para Oliva:

> *A unificação básica resulta do fato de terem se encontrado, o catolicismo popular dos colonos portugueses, a religiosidade indígena e a dos escravos africanos, no terreno comum mais profundo da religiosidade primitiva subjacente às três culturas.*

Essas três culturas eram providencialistas, o que teria facilitado uma forma de sincretismo entre as crenças. Dessa maneira, e como ser católico era condição de integração na sociedade colonial brasileira, "os elementos mais comuns às três culturas – os mais elementares – fundiram-se e foram batizados com nomes católicos" (Oliva, 1997, p. 81), uma maneira encontrada para se protegerem das ameaças do Santo Ofício.

O que isso tem a ver com a sexualidade brasileira e a orientação sexual na escola? Em primeiro lugar, essas reflexões servem para que se perceba que há uma religiosidade que, se está progressivamente distante das instituições religiosas, está presente nas famílias de onde provêm os jovens estudantes e também está presente nesses jovens. Essa religiosidade, com características profundamente brasileiras, como vimos, propicia também a vivência de uma sexualidade profundamente brasileira, que às vezes é esquecida na orientação sexual, não raro, um trabalho orientado por teorias importadas, como, com razão, reclama Moacir Costa (1997, p. 07) em seu livro: "Existem ainda poucos trabalhos sobre a sexualidade no Brasil. Na maioria importam-se modelos estrangeiros, nem sempre compatíveis com a nossa cultura, principalmente através da literatura".

Roberto Gambini, refletindo sobre a alma brasileira e sua sexualidade, comenta que nosso povo começa pelo encontro do português com o índio, um encontro que se dá baseado no que Gambini chama de "projeção fundante", ou seja, a ideia dos portugueses de que aqui seria o paraíso, um paraíso habitado por um povo "lúbrico e lascivo", um povo que vivia em pecado, entregue à sexualidade. "Nós sabemos que isso é a maldita de uma projeção. O indígena não é lúbrico, não é lascivo, não é promíscuo... Sua sexualidade é vivida dentro de regras,[7] mas é bem vivida" (Dias e Gambini, 1999, p. 169). Gambini afirma que os portugueses encontraram aqui o seu oposto redimido, uma sexualidade não contaminada, "mas o que eles entendiam é que aquilo era demoníaco, diabólico, perverso, embora irresistivelmente atraente" (1999, p. 170). O terceiro elemento da alma brasileira, o negro, se aproxima muito do indígena na visão do português, embora com algumas diferenças que demandariam um trabalho à parte para

---

7 A maioria delas de cunho mítico/religioso, acrescento eu.

serem analisadas. Por ora é importante que se ressalte que, como afirma Luiz Mott (em Vainfas, 1986, p. 23), aliás, em consonância com Gambini, muito da lubricidade brasileira deve ser atribuída aos brancos e não à colonização negra. Em outros termos, o que Mott argumenta é que o negro foi vítima da mesma "projeção fundante" que antes se dirigiu ao índio.

Para Gambini:

> O Brasil é um país erótico. Sim, o fenômeno da sexualidade faz parte da nossa história, e muito. Essa energia sensorial é estruturadora de todo um modo de ser, foi vivida e representada mentalmente, psiquicamente, e depois foi regulada por leis, virou marca registrada, comportamento generalizado, estereótipo oficializado, cartão-postal, item de exportação etc. (1999, p. 172)

Gambini (1999, pp. 176-177) entende que a sexualidade brasileira é patriarcal, baseada em um modelo em que é sempre o masculino que dita e faz, um modelo que é matriz para uma postura machista das pessoas. Para Gambini, "a questão de fundo (na sexualidade brasileira) são os valores femininos negados em ambos os sexos", de maneira que se configurou uma masculinidade ligada à violência e poder. Faltam à cultura brasileira os valores femininos, como:

> A capacidade de permitir, de aceitar, de limitar o próprio poder castrador sobre os homens, de perdoar, a capacidade de voltar atrás, o deixar-se levar pelo sentimento e pela intuição, em vez de ficar só na lógica, naquilo que foi decidido e que não pode mudar nunca.

Finalmente, Gambini (1999, p. 191), respondendo a uma provocação de Lucy Dias, para quem o brasileiro sofreria de uma fixação materna, reclama da ausência da mãe índia:

> Eu não venho dizendo sempre que o nosso grande problema de origem é a mãe índia que foi negada e esquecida? Só que eu

preferia (sic) vê-la reconhecida pelo que de fato foi e continua sendo na constituição de nossa alma.

Para Gambini, esse rapto da mãe índia de nossa história é a base da ambivalência com que se tratam as mulheres no Brasil e é fruto, em grande parte, da força da religião católica na história brasileira. Maria Luíza Araújo (1997, p. 53), ao comentar peculiaridades da secularização da sociedade (e da sexualidade) brasileira, é, em grande parte, ressoante com Gambini:

> *Embora Weber atribua à ética protestante ter sido um dos fatores que possibilitaram uma nova ordem econômica no mundo com o advento do capitalismo, em relação à moral sexual surgem diferenças, mas que não serão tão importantes para Portugal e Brasil por termos ficado em estreita união com a Igreja (Católica).*[8]

De fato, o catolicismo é um componente fundamental da formação cultural brasileira, uma vez que ele foi o esteio da descoberta e da colonização do Brasil, além de ter sido, por quase toda a nossa história, a religião oficial do país, embora com algumas mudanças de postura.[9] Segundo Araújo (1997, p. 78), se no princípio da colonização do Brasil os padres não eram exatamente conservadores, essa situação se reverte com a chegada de padres

---

8 Para Weber: *Os católicos não levaram tão longe quanto os puritanos a racionalização do mundo, a eliminação da mágica como meio de salvação. Para eles, a absolvição de sua Igreja era uma compensação para sua própria imperfeição. O sacerdote era um mágico que realizava o milagre da transubstanciação e que tinha em suas mãos a chave da vida eterna. O indivíduo podia voltar-se para ele arrependido e penitente. Ele dispensava reparação, esperança e graça, certeza de perdão, e, assim, garantia o relaxamento dessa tremenda tensão à qual o calvinista estava condenado por um destino inexorável, que não admitia alívio algum* (1996, p. 81).

9 Parece-me importante ressaltar que o catolicismo é *um dos* componentes da formação cultural brasileira, é *um dos* componentes de legislação moral, uma legislação que é afetada também por outras particularidades da cultura.

europeus ligados a um catecismo ultramontano, os quais pretendiam manter os católicos presos aos princípios morais, políticos e religiosos propostos pela Igreja Católica. Esses padres fizeram alianças com a elite brasileira, tornando-se influentes na sociedade, principalmente através da política e da educação. Houve nessa época a fundação de inúmeras escolas católicas, difusoras da moral católica até hoje, e também a participação do clero no meio político, seja através de eleições ou de nomeações, de modo que, mesmo quando na República, o Estado se separou da religião, o poder religioso se manteve. Para Araújo:

> Essa autoridade não é visível, mas até hoje se manifesta em nosso país (lembremos que os políticos em época de eleição não entram em choque com as normas morais ditadas pela Igreja, por exemplo, ser explicitamente favorável ao aborto, ao homossexualismo etc.).

Assim como a religiosidade brasileira, como vimos, faz um jogo de aproximação e afastamento das instituições, também a sexualidade faz o mesmo movimento com relação à moral sexual católica. Desse modo é, por exemplo, que, no Brasil colônia:

> Nas últimas décadas do século XVI, os desvios da moral católica passaram cada vez mais a ocupar a atenção da Inquisição ibérica, chegando mesmo a rivalizar com a perseguição dos transgressores da fé. (VAINFAS, 1986, p. 42)

Vainfas (1986, p. 53) ainda lembra que, mesmo que se leve em conta que a maioria da população colonial vivia à margem dos padrões morais oficiais:

> A transgressão moral estava longe de ser um atributo exclusivo dos deserdados da colônia; a adoção rigorosa dos preceitos morais da Igreja era frágil na sociedade colonial, inclusive entre os senhores e os lavradores.

A constatação de Vainfas (1986, p. 61), aliás amparada em décadas de afirmações semelhantes de outros historiadores, de que "a vida sexual e os costumes familiares eram, do ponto de vista do catolicismo, extremamente débeis no Brasil Colonial", não significa que a moral sexual católica não tenha se tornado forte influência na vivência da sexualidade brasileira, uma vez que, ao fim das visitas da Inquisição:

> *O Visitador retornava a Lisboa, mas a Inquisição permanecia na colônia. Permanecia nos agentes do Santo Ofício e, sobretudo, na mentalidade e na consciência dos "fiéis". As outras moralidades, os outros desejos, só poderiam subsistir como atitudes sub-reptícias, clandestinas, culpáveis. Toleravam-se os pecados, mas estigmatizava-se a consciência dos pecadores. Vista desse ângulo,* a ação moralizante do Santo Ofício não poderia ser mais completa e duradoura. (VAINFAS, 1986, p. 66)

Correndo o risco de parecer exagerado ou caricatural, ouso afirmar que me parece, a partir do que pudemos ver até aqui, que é muito mais a essa eficientíssima "ação moralizante do Santo Ofício" e a suas consequências para a alma brasileira que de fato à prática religiosa e sexual dos brasileiros que ainda se responde em muitos livros sobre a sexualidade. É bem verdade que já houve um tempo – e já houve livros – em que a resposta a essa ação moralizante foi mais ácida que a resposta que existe na literatura mais recente sobre sexualidade humana. Mas há um detalhe que é de suma importância: a maneira como se encara a intersecção entre a religião e a sexualidade humana nos livros e, por consequência, no trabalho de orientação sexual na escola, vem mudando e, no meu modo de ver, mudando para melhor.

Uma vez que já ficou suficientemente clara a presença e a importância da religião na sexualidade brasileira, além de também ter ficado claro o encontro entre a orientação sexual na escola e a religião, vou fazer agora considerações estendendo-me um pouco em dimensionar como, no meu modo de ver, vem mudando e, repito, melhorando o contato entre a orientação sexual na escola e a religião.

RELIGIÃO, ORIENTAÇÃO SEXUAL, AJUSTAMENTO CRIATIVO E ANTIDEPENDÊNCIA

Quando olhamos atentamente para a literatura brasileira sobre a sexualidade humana, especialmente a sexualidade adolescente, percebemos que é grande a consideração dada aos valores religiosos, embora nem sempre o questionamento seja feito às claras e com todos os pingos nos "is", como seria desejável. De alguma forma, essa literatura segue um caminho parecido com o do desenvolvimento do adolescente, ou seja, primeiro se alcança a antidependência, para depois se conseguir a independência relativa. Em outras palavras, o que quero dizer é que a relação dos estudiosos da sexualidade humana e, por via desses, da orientação sexual na escola, com os valores da religião parte, no século XX, de uma certa antidependência e caminha no sentido de uma mútua e compreensiva influência. Essa caminhada está alicerçada em um ajustamento criativo.

Acredito que o contato entre a religião e a orientação sexual na escola está baseado em um ajustamento criativo, que começou em um movimento de antidependência. A antidependência, segundo Tiba, é um movimento típico do começo da adolescência e se principia quando o jovem:

> Sente que não é mais criança e já não aceita as regras infantis, muito menos broncas, tapinhas e beliscões. Um dos mais nítidos sinais de que está se modificando é quando, após um tapa, o púbere encara o pai e diz: "Não doeu!". São capazes de suportar qualquer castigo sem um pio, mostrando que não são mais atingidos pelo poder do pai. A antidependência é tanto mais violenta quanto mais repressiva for a autoridade dos pais. (1994, p. 54)

Há, então, uma trajetória que parte da antidependência e vai até uma relação de reciprocidade, a qual, frise-se, ainda não alcançamos enquanto teóricos da sexualidade humana no Brasil. O movimento de antidependência começa quando os teóricos sublinham apenas a repressão religiosa sobre a sexualidade e, de certa maneira, ignoram o aspecto (de)limitador da moral sexual religiosa.

Quero, desde já, deixar claro que é óbvio que houve e há excessos repressores por parte de algumas religiões, uma repressão de consequências extremamente danosas para o ser humano e para a sociedade humana. Esses excessos têm sido e continuarão sendo combatidos por todos aqueles que creem na possibilidade de uma melhor e mais democrática convivência entre os seres humanos e entre as instituições humanas. É uma arma fundamental nesse combate o incremento do conhecimento, respeito e intercâmbio entre a ciência e a religião.

O conceito de antidependência ainda não foi desenvolvido na psicologia, de maneira que até chega a ser temerário chamá-lo de "conceito" algo que, de fato, é apenas uma ideia, e ainda em nascimento. Ainda assim, me atrevo a tentar caracterizar a antidependência, pois, se Tiba tem o inegável mérito de criar um nome para o comportamento observado, em outros autores há descrições semelhantes à desenvolvida por Tiba. Assim é que, por exemplo, em Winnicott, encontra-se a afirmação de que:

> *É característica da faixa etária (puberdade/adolescência) em questão a rápida alternância entre independência rebelde e dependência regressiva, e mesmo a coexistência dos dois extremos num mesmo momento.* (1993, p. 117)

Em outra de suas admiráveis obras, Winnicott (1994, pp. 157-158) afirma que o adolescente não tem muita aptidão para aceitar conciliações, meios-termos ou concessões mútuas, pois tem de atravessar o que o psicanalista inglês chama de "uma área de depressão, uma fase em que eles se sentem inúteis". Para Winnicott:

> A sociedade se vê apanhada nesse aspecto curioso dos adolescentes: a mistura de desafio e dependência que os caracteriza. Quem cuida de adolescentes sente-se perplexo: como pode alguém ser tão desafiador e, ao mesmo tempo, tão dependente, a ponto de se mostrar pueril, até infantil?

Finalmente, para Winnicott os adolescentes têm algumas necessidades, das quais ele destaca:

> A necessidade de evitar a solução falsa: a necessidade de se sentirem verdadeiros ou de tolerarem não sentir nada; a necessidade de desafiar – num contexto em que a dependência deles é satisfeita e podem confiar em que continuará sendo satisfeita; a necessidade de espicaçar constantemente a sociedade, para que o antagonismo da sociedade se manifeste e possa ser enfrentado com antagonismo.

Para Arminda Aberastury:

> O adolescente flutua entre uma dependência e uma independência extremas, e só a maturidade lhe permitirá, mais tarde, aceitar ser independente dentro de um limite de necessária dependência. Mas, no começo, mover-se-á entre o impulso ao desprendimento e a defesa que impõe o temor à perda do conhecido. É um período de contradições, confuso, ambivalente, doloroso, caracterizado por fricções com o meio familiar e social. Esse quadro é frequentemente confundido com crises e estados patológicos.

Sintetizado e apoiado também em Winnicott e Aberastury, dentre outros autores, posso dizer que aquilo que Tiba chama de antidependência caracteriza-se por ser uma atitude típica do começo da adolescência, um período de transição marcado por uma expansão da consciência e dos limites, uma expansão para limites ainda desconhecidos. É uma ampliação da autonomia, mas em formato de ilhas cercadas ainda por muita heteronomia. Dá-se através de um período de testes, de verificação de "até onde posso ir". Embora Tiba a classifique como um "sintoma", em meu modo de ver a antidependência não é necessariamente doentia, é a fase de um processo gradual, caminhada passo a passo no sentido da autonomia, cada vez menos pesadas, vão se repetindo até que se possa alcançar a conciliação e, depois dela, a verdadeira autonomia. É, fundamentalmente, a busca dos próprios critérios de condução na vida. Tal busca se dá, em parte e a princípio, pela negação dos valores paternos e até do poder paterno, que precisam e devem ser, até certo ponto, substituídos pelos próprios valores e poderes. Essa substituição se dá, a princípio, pelo não (não doeu, não vou, não sou, não acredito, não imito), para só depois alcançar o sim (doeu, mas sobreviverei; vou, se eu quiser; sou, confio, crio). Entre o não e o sim há um período de transição, caracterizado por um ritmo às vezes claudicante, às vezes seguro, de oscilação entre a autonomia recém-conquistada e a heteronomia a ser relativizada, em busca do que poderíamos chamar de uma autonomia possível, que só vai de fato ser conquistada na idade adulta. Entre o não e o sim, há momentos de poder e momentos de impotência, momentos de "eu posso" e momentos de rancores. É assim que nós aprendemos sobre a vida, sobre o mundo, sobre nós mesmos: num ritmo de ir e vir constante, ora doloroso, ora prazeroso, um ritmo de crescimento e regressão, primeiro antidependência, depois independência relativa (não acredito na possibilidade da independência plena para os seres humanos, mas discutir isso agora nos afastaria do nosso assunto principal).

Pode-se comparar o conceito de antidependência com o conceito de inflação para Jung, pois os dois se aproximam bastante. Numa nota de rodapé de seu livro *O eu e o inconsciente*, Jung lembra que "o saber infla", ou seja, sempre que entramos na posse de algum novo conhecimento, há um período de inflação, um período em que somos como que dominados por esse novo conhecimento, usando e abusando dele, numa atitude quase esnobe, presunçosa, antidependente:

> *"O saber infla"*, escreve São Paulo na epístola aos coríntios, pois o novo conhecimento subirá à cabeça de alguns, como sempre sucede. A inflação nada tem a ver com a espécie do conhecimento. [...] Cada passo em direção a uma consciência mais ampla é uma espécie de culpa prometeica: mediante o conhecimento, rouba-se, por assim dizer, o fogo dos deuses, isto é, o patrimônio dos poderes inconscientes é arrancado do contexto natural e subordinado à arbitrariedade da consciência... (1987, p. 31)

Na teoria junguiana essa inflação é boa e necessária, desde que passageira. É mais ou menos como a alegria do artilheiro ao fazer um gol – se o jogador ficar só comemorando e rememorando o gol que fez, é mais provável que o time perca o jogo. No caso de nosso estudo o fogo roubado dos deuses é representado pelos novos conhecimentos científicos sobre a sexualidade humana, conhecimentos que facilitaram o processo de secularização.

Para se ter uma ideia das diferenças que esses novos conhecimentos propiciaram à maneira de se olhar a sexualidade humana, é interessante verificar as observações de Maria Luiza Araújo (1997, *passim*), que analisou alguns livros sobre sexualidade humana das primeiras décadas do século XX. Diz ela que "na moral sexual discute-se basicamente uma sexualidade reprodutora onde não há espaço para o prazer. A moral não era centrada no sujeito e sim nas ações". A autora comenta um livro do Pe. Álvaro Negromonte (*A educação sexual*, de 1940) e diz que Negromonte defende que os pais conversem com os filhos sobre sexualidade, a qual só se justifica pela procriação; ele afirma que a função sexual é uma função moral, refletindo a principal atitude da Igreja sobre o assunto na época. Negromonte defende que a escola fale somente dos aspectos biológicos da sexualidade, que os pais conversem com os filhos e as mães com as filhas, e condena severamente a masturbação. "Quanto ao controle da natalidade, diz que o único método seguro é a castidade, mas aconselha a tabela." Para Maria Luiza Araújo, a principal virtude dessa obra de Pe. Negromonte é tratar do tema numa época em que a "pedagogia do silêncio" era preponderante, "embora todo o teor do texto seja de uma moral basicamente tridentina". Na época, a crença, segundo a autora, era a de que não se falasse sobre o sexo, assim, o jovem se manteria afastado de tudo o que se referisse ao sexo.

Araújo observa que mesmo entre os autores que não eram clérigos há uma visão restritiva quanto à sexualidade. Cita como exemplos os livros dos médicos José de Albuquerque (*Moral sexual*, de 1930) e de José Gonzaga Franco Filho (*A castidade nos três Estados*, de 1946), esse um médico católico. Ambos os autores apresentam posturas contra o prazer sexual, em nada diferentes das posturas preconizadas pela Igreja. Araújo comenta o livro do Pe. Pascoal Lacroix (*A solução do problema sexual*, de 1935), o qual pretendeu provar que a solução para o problema sexual é a continência, a qual é exequível. A autora afirma que o livro de Lacroix reduz a sexualidade ao ato sexual, o que é um empobrecimento, pois "reduzir a sexualidade ao relacionamento sexual é empobrecer a natureza humana, assim como reduzir a relação sexual ao mero desempenho é empobrecê-la". Araújo cita ainda outro manual da época, dessa vez o de Oswaldo Brandão da Silva (*Iniciação sexual educacional*, de 1938), que substancialmente em nada difere dos anteriores. A autora lembra que o mundo sofreu mudanças enormes no período abrangido por sua pesquisa (fim do século XIX até meados do século XX). Ainda assim, ela afirma, em todos os textos de autores católicos pesquisados que a sexualidade só é aceitável dentro do matrimônio.

Há nitidamente uma presença diferente da moral religiosa nos livros brasileiros mais recentes sobre o assunto. Se nos livros estudados por Maria Luiza Araújo a presença do cristianismo, no caso o catolicismo, é marcante, nos livros de hoje ele está muito mais nas entrelinhas, mas, ainda assim, está lá. Com uma postura intermediária entre a adotada pelos livros estudados por Araújo e a postura dos livros atuais que estudei, há uma série de livros, como, por exemplo: *A deseducação sexual* (Marcello Bernardi, 1985). Esses livros apresentam uma visão quanto à religião muito mais contestadora, muito mais *púber*,[10] portanto antidependente, que a dos livros que estudei. O que quero dizer é que, de certa forma, caminha-se, nesse caso, de maneira semelhante à que caminha o adolescente, da rejeição dos valores paternos (no nosso caso, religiosos) à assimilação de alguns deles e rejeição de outros, além da criação de novos valores, processo básico de formação e assunção dos próprios valores. Acredito que, uma vez que isso fique claro e explícito, já será possível dar mais uns passos no sentido de ampliar as pontes entre as ilhas de autonomia, integrando-as.

De qualquer maneira, ainda que haja a antidependência, ela já está diferente, mais evoluída, mostrando que há um ajustamento criativo em curso na maneira de a orientação sexual na escola lidar com a sexualidade e sua intersecção com a religião.

Na visão da *gestalt-terapia*, o ser humano é um ser em relação, é um ser inserido num campo organismo-meio, é um ser que age criativamente num meio. Ajusta-se ao meio e ajusta o meio a si. O bom ajustamento é o chamado "ajustamento criativo".

Escreveu Therese Tellegen:

> *Ajustamento criativo inclui autorregulação, abertura ao novo, contato vivo e vitalizante, em contraposição a controle externo, dependência, agarramento ao passado e comportamento estereotipado.* (1984, p. 47)

Para Ana Maria Loffredo, a ideia de ajustamento criativo:

> *Trata da reestruturação inevitável que a entrada de qualquer elemento novo provoca na antiga estrutura. É o processo no qual*

---

10 Bernardi, por exemplo, escreve que: *Uma sexualidade alegre, lúdica e espontânea traz muito medo porque através dela todos conseguem perceber, ainda que nebulosamente, que a desestruturação de todo o aparelho social hierarquizado começa aí* (1985, p. 24), num nítido exagero sobre o poder revolucionário da sexualidade humana.

se parte de estruturas relacionais, que já não são funcionais, no sentido de superá-las. (1994, p. 85)

O movimento de encontro entre a orientação sexual na escola e a religião vem sendo um movimento baseado em um ajustamento criativo, ainda que, em alguns momentos, orientação sexual e religião tenham ido mais de encontro uma com a outra. Mas o ajustamento criativo não se dá sem conflitos. E o ajustamento criativo está se dando, lado a lado. Religião influenciando e sendo influenciada pela orientação sexual, orientação sexual influenciando e sendo influenciada pela religião. Minha intenção ao apontar esse encontro é contribuir para facilitá-lo, uma vez que caminhamos muito melhor quando conscientes de nosso caminhar.

Esse encontro, ou ao menos grande parte dele, já não é um encontro de dominação. Há em grande parte das religiões e dos movimentos religiosos melhores ouvidos para a ciência no que diz respeito à sexualidade humana. Já existe, da parte da ciência, como pude observar na literatura que estudei se comparada a antecessores das décadas de 1960 e 1970, uma abertura maior para a possibilidade de uma troca mais íntegra com a religião. O ajustamento criativo está em curso, e ele tem um correlato fundamental: a ética. Em outros termos, está em curso um ajustamento ético[11] com perspectivas bem animadoras a longo prazo para o diálogo entre a orientação sexual na escola e a religião.

Ajustamento criativo, ética, troca, diálogo. Um diálogo que se amplia lentamente, consistentemente. Mudança de estilo da moradia. Conciliação? Não, não se trata exatamente de conciliação, mas, antes, de integração. Integração para que a necessária delimitação tenha um sentido: a sexualidade humana como um caminho de encontro. De encontro amoroso do ser humano consigo, com o semelhante e diferente, com o cuidado sagrado

---

[11] Utilizo aqui o termo *ética* no sentido de crítica e revisão da moral estabelecida, como já vimos em Boff (1997).

para consigo, para com o outro e para com o mundo. Encontro ético e criativo.

Para que esse encontro entre a orientação sexual na escola e a religião seja mais enriquecido, é preciso que o professor de orientação sexual tenha uma cuidadosa e ininterrupta formação, além de outras características, assunto para nosso capítulo final.

CAPÍTULO 4

> *E se eu estou num processo permanente de busca, como posso estar nele sem esperança? E a minha esperança não é sequer a esperança de encontrar aquilo que eu gostaria de encontrar, a minha esperança é a esperança de viver a própria busca, porque nem sempre a gente acha. Mas é a busca que me alimenta realmente.*
>
> Paulo Freire

Apresentei em capítulo anterior as premissas e os fundamentos básicos da orientação sexual na escola, de maneira que neste capítulo me ocuparei, a princípio, em levantar as características e habilidades tidas como necessárias para que uma pessoa possa ser um educador responsável pela orientação sexual. Esse educador, profissional ainda raro no Brasil pela falta de locais onde possa se formar, geralmente é um autodidata. Sua formação se sustenta principalmente em livros sobre a sexualidade do adolescente, de maneira que esses livros acabam exercendo influência para muito além de sua clientela alvo, os adolescentes. Esse livros formam também os professores desses adolescentes.

Não existe ainda formalmente no Brasil, profissão que se poderia chamar de "professor de orientação sexual", como existe o "professor de Matemática", o "professor de Português" e por aí afora. De maneira geral, as pessoas que trabalham com orientação sexual nas escolas especializam-se no assunto em alguns dos poucos cursos *lato sensu* que existem, ou são educadas para a função por outras pessoas que já têm reconhecida prática na área, ou ainda, a partir de sua formação acadêmica (de maneira geral em: Psicologia, Medicina, Biologia, Educação Física ou Pedagogia), fazem um enorme esforço e se tornam autodidatas na intenção de melhor desempenharem seu trabalho. Embora já exista no Brasil formação *stricto sensu* em sexologia, não há ainda uma formação nesse nível voltada exclusiva ou especialmente para a orientação sexual. Assim, a formação desses educadores costuma seguir um caminho muito mais básico e fundamentado nas poucas referências bibliográficas que abordam diretamente o assunto.

Tal formação e tais caminhos, embora ainda não formalizados suficientemente, já contam com estudos que possibilitam – em meio a algumas controvérsias, é verdade – que se apresente um panorama das qualidades necessárias e das exigências mínimas para que uma pessoa trabalhe com a orientação sexual na escola. Tratarei agora de desenhar esse panorama.

O EDUCADOR

A primeira questão à qual me aterei é sobre quem deve ser o orientador, ou seja, quem deve ser o responsável pela condução do programa de orientação sexual na escola. De uma maneira geral, tende-se a atribuir essa responsabilidade a um professor de outra matéria, atitude com a qual não concordo e já explicarei o motivo. O fato é que essa tem sido a prática, inclusive pela falta de pessoas realmente especializadas em orientação sexual no Brasil. Em função disso, colocam-se alguns critérios para a escolha da pessoa que seria a mais indicada para coordenar o trabalho de orientação sexual, dos quais o mais importante é que seja um professor já conhecido e querido pelos alunos, um professor que tenha disponibilidade para esse trabalho e gosto em exercê-lo, além de suficiente liberdade para lidar com o tema.

Deve-se, segundo esse raciocínio, escolher um professor dentre aqueles que prestam serviço à escola, tendo como critério básico que ele seja uma pessoa confiável para os alunos, que seja aquela pessoa preferencialmente procurada pelos adolescentes quando há a necessidade de se tratar de algum problema pessoal; uma pessoa, em suma, que seja vista como significativa emocionalmente pelos jovens. A matéria que esse professor leciona regularmente não é de importância para a escolha, mas sim seu trânsito entre os alunos. Os critérios essenciais para a escolha da pessoa que atuará como orientador sexual são: sua facilidade com o tema e a confiança que possui dos alunos.

Discordo dessa maneira de se escolher o professor de orientação sexual, embora saiba que, em algumas situações, ela é a única possível. No entanto, prefiro pensar com otimismo e acreditar que discutir o ideal enquanto se faz o possível é um dos melhores caminhos para possibilitar que seja um dia realidade. Nesse sentido, é importante lembrar de uma das máximas mais importantes da *gestalt-pedagogia*: em primeiro lugar vem a relação professor-aluno, depois o tema; e esse é um dos motivos pelos quais discordo da forma como é feita a orientação sexual na maioria das poucas escolas que oferecem esse serviço para seus alunos. Penso que a orientação sexual deva ser conduzida por um professor que lide somente com essa cadeira. Um professor que, por exemplo, lecione geografia e orientação sexual, ou o orientador educacional, terá um poder de avaliação sobre seus alunos que pode dificultar a espontaneidade deles nas aulas, bem como sua autonomia. Embora eu saiba que a prática é diferente disso, penso que o professor de orientação sexual deveria ser uma pessoa que vá à escola somente para esse fim, assim como um professor de matemática vai somente dar aulas de matemática. A orientação sexual na escola é um tema transversal, não um conhecimento oblíquo.

Penso que o professor de orientação sexual tem uma responsabilidade tal que é como se ele fosse para seus alunos o preposto do mundo adulto. E se ele tiver – ou se exercer – algum poder formal de avaliação sobre esses alunos, será mais difícil para ele dar para os jovens as boas-vindas ao mundo sexualizado.

Tão importante quanto a escolha da pessoa, é a postura e as atitudes esperadas dessa pessoa. E é sobre isso que falarei a partir de agora.

Em um de seus primeiros trabalhos sobre o tema, Suplicy (1988, pp. 22-23) determinava o que chamava de "normas para a conduta do coordenador (professor)", as quais seriam as seguintes: saber lidar com as inibições dos jovens frente ao assunto; evitar colocações pessoais, quer sejam dos alunos, quer sejam do próprio educador; não se arvorar como dono da verdade, mas, antes, saber possibilitar a discussão sob todos os pontos de vista possíveis; facilitar para que todos os alunos possam participar e opinar; não acreditar nem fazer os alunos crerem que saiba todas as respostas; incentivar a convivência com as diferenças e o respeito aos mais variados valores sobre a sexualidade, embora deva combater os preconceitos; tratar a sexualidade em seus três aspectos: biológico, social e afetivo.

Esse trabalho de Marta Suplicy funcionou como incentivo para que outros teóricos se debruçassem sobre o tema. Acabaram por serem alcançados alguns consensos, ou seja, há algumas atitudes e posturas que são esperadas para que um educador possa desenvolver um bom trabalho em orientação sexual na escola. Eis algumas dessas posturas: clareza para definir e manter as regras do debate; respeito e abertura para com a busca de prazer e a curiosidade dos jovens; liberdade para conversar sobre o tema de forma direta e clara; exercitar o convívio democrático, buscando lidar com as radicalizações tão frequentes entre os adolescentes; reconhecer e trabalhar suas próprias dificuldades quanto ao tema; reconhecer seus próprios valores sobre o tema e não acreditar que eles possam ser os únicos aceitáveis; transmitir a valorização das diferenças entre os gêneros e a dignidade de cada um individualmente; saber interpretar algumas brincadeiras dos adolescentes como dificuldades para lidar com a sexualidade; acolher amorosamente essas dificuldades; alertar os alunos quanto à possibilidade de assédio por adultos ou por adolescentes mais velhos, sem fazê-los perder de vista que podem procurar um adulto de sua confiança no caso de necessitarem; polemizar ao máximo o tema, a fim de contribuir para a construção, por cada aluno, de uma ética própria no trato das questões da sexualidade (Brasil, MEC, 1998, *passim*).

Os pesquisadores do GTPOS (VV. AA., 2000, pp. 16-18) ainda nos trazem acréscimos a essa lista de deveres e habilidades do professor de orientação sexual na escola: para eles, o professor deve conhecer e respeitar os jovens em seu modo de vida, ideias, valores e anseios; deve repensar e trabalhar sempre seu papel diante dos alunos e do tema; precisa ter habilidade para facilitar as discussões em grupo; não pode ditar regras de comportamento; precisa incentivar os alunos a pesquisar, consultar bibliotecas e buscar informações que enriqueçam a construção coletiva do conhecimento; necessita contextualizar as informações veiculadas; deve dar oportunidades para os alunos se conhecerem e confiarem uns nos outros; estimular a manifestação de problemas, de dúvidas e da curiosidade, possibilitando o apoio mútuo na busca de soluções; precisa ter interesse pelo processo educativo como um todo; deve estimular a expressão das ideias, medos, anseios e dúvidas dos alunos mais tímidos, além de ajudar o aluno a lidar com a pressão do grupo e a se individualizar (formação de identidade).

São ainda atitudes desejáveis no orientador sexual a clareza, a objetividade e o cuidado científico ao transmitir informações aos alunos. Nessa transmissão, é mister que ele estabeleça, de maneira mais clara possível, qual o sentido que aquilo pode ter para o adolescente, ou seja, como aquela aprendizagem pode influir na vida do aluno. É preciso também encorajar os alunos a pedirem ajuda sempre que precisarem, com o mínimo de constrangimento possível ao fazerem o pedido de auxílio. Um outro ponto que me parece importante é a possibilidade de se incentivar os alunos a se tornarem multiplicadores das informações recebidas, seja em discussões em casa, com a família, seja em conversas informais com amigos ou conhecidos que não têm ou não tiveram o acesso à informação mais clara.

É também papel do orientador buscar estimular reflexões críticas sobre o tema, oferecer informações corretas do ponto de vista científico, sem reducionismos e frisando a essência dinâmica de toda atividade científica, discutir e salientar os valores envolvidos no tema e no trato científico do tema, incentivar o autorrespeito, o respeito ao outro (especialmente ao outro diferente), o combate aos preconceitos e às intolerâncias, além de apontar o caminho do diálogo como a via mais rica para se lidar com as questões ligadas à sexualidade.

A capacidade de dialogar e de facilitar aos jovens a expressão clara e a reflexão sobre os debates também é básica. Ser professor de orientação sexual na escola implica em cuidadoso e perene trabalho do educador consigo mesmo, em incessante atividade de autoconhecimento e de aprendizagem ininterrupta sobre o tema. É preciso que haja nesse professor a possibilidade de trabalhar a si mesmo no sentido de lidar com suficiente naturalidade com o tema. A capacidade de dialogar e de facilitar aos jovens a expressão clara e a reflexão sobre os debates também é básica. Fundamentalmente, ser professor de orientação sexual na escola implica em cuidadoso e perene trabalho do professor consigo mesmo, em incessante atividade de autoaprendizagem e de aprendizagem ininterrupta sobre o tema. Em suma, a função é trabalhosa e exige um alto grau de coerência por parte da pessoa responsável, como aliás, nos lembram os criadores da *gestalt-pedagogia*: "Na transformação da teoria na prática é extremamente importante que as verbalizações e as ações coincidam" (Burow, 1985, p. 121).

Isso posto, aparece-me a seguinte questão: o que mais posso acrescentar ainda ao tanto que já vimos sobre as qualidades necessárias ao professor de orientação sexual? Há alguns pontos referentes a esse professor que quero explorar um pouco mais ou apresentar.

Esse professor deverá ter suficientes conhecimentos acerca do desenvolvimento humano, de psicogenética, de psicologia de uma forma geral, de pedagogia, biologia humana, além de especial atenção a aspectos políticos, sociais e históricos que atuam no "aqui e agora" de seu trabalho. Em função desses conhecimentos necessários ao professor e no que nos interessa nesse trabalho, a orientação sexual na escola, cumpre frisar, só terá sentido se buscar o questionamento e a facilitação para que o jovem se posicione com relação à sexualidade, abstendo-se a escola e o professor de trazerem "verdades" ou normas.

Um grande risco a que está sujeita a orientação sexual é o de se buscar uma tentadora normatização, como se os mistérios do desejo e da sexualidade tivessem que ter a mesma resolução para todas as pessoas. Dessa maneira, poderíamos cair em um pseudocientificismo, no qual o professor, em nome da ciência, pretende normatizar condutas e pontos de vista sobre a sexualidade, roubando de seus alunos o direito à autodeterminação sobre a sexualidade, numa afronta à autonomia e à liberdade das pessoas. Além disso, numa postura assim os debates perdem seu principal sentido e os alunos podem acabar por apenas repetir conhecimentos científicos sem aprender a questioná-los e a circunstancializá-los.

Quando falo desse "pseudocientificismo", estou me referindo principalmente a duas possibilidades: uma é a excessiva biologização das aulas de orientação sexual; outra é uma postura moralizante que pleiteia a posse de verdades sobre a existência humana a partir desses conhecimentos biológicos ou mesmo aqueles baseados em uma moral religiosa.

Penso que não é fácil ser professor de orientação sexual: a cadeira requer muito estudo, constante atualização, muita disponibilidade, humildade e, fundamentalmente, coragem.

Mais que saber dar aulas, o professor deverá saber conduzir debates: orientação sexual não se ensina, se discute.

É importante que o professor não pense que vai resolver seus problemas na área da sexualidade dando aulas: para isso o caminho é outro. É preciso que o professor esteja à vontade com sua sexualidade, o que não significa saber muito ou ter uma vida sexual ativa ou irreprovável socialmente. Estar à vontade é simplesmente estar à vontade, aceitar-se verdadeiramente como ser sexualizado e enxergar isso positiva e espontaneamente, mesmo reconhecendo as tantas dores e conflitos que sofremos por sermos sexualizados. Quão mais integrada a pessoa estiver com sua sexualidade, mais positiva será a mensagem passada aos alunos. Nesse aspecto, há um alerta interessante de Lídia Aratangy ao qual devemos prestar atenção:

> *De onde vem o mito de que, para se falar de sexo, é preciso conhecer profundamente todas as facetas da sexualidade? Para isso seria necessário ser doutor em anatomia, fisiologia, genética, teologia, psicologia e filosofia; e, além de possuir todos esses títulos, seria preciso ser sábio – o que, evidentemente, não é a mesma coisa que ser douto. Ainda por cima, esse superdotado teria de ser também uma pessoa sensível e delicada. será que existe ser humano com todas essas credenciais? [...] Felizmente, não é preciso estar de posse de todas essas sabedorias para falar de sexualidade. Isso, além de ser impossível, não é sequer desejável. Não é verdade que só quem resolveu os próprios conflitos interiores pode ajudar outras pessoas. Mais importante é saber reconhecer e respeitar esses conflitos como parte da natureza humana.* (1995, p. 08)

Ao lado dessas característica pessoais, há ainda a necessidade de que a pessoa que lida com orientação sexual na escola deva ter facilidade para lidar com grupos, pois se há no jovem o desejo de aprender, há também a necessidade de falar, discutir, pensar e repensar a realidade de sua sexualidade. É preciso ajudá-lo a lidar com as informações de que dispõe e ampliar sua capacidade de tomar decisões por si mesmo, com a necessária responsabilidade.

O TRABALHO COM OS GRUPOS

O trabalho com grupos é uma das mais fortes características da *gestalt-terapia* e se estende também para a *gestalt-pedagogia*.

Como a maneira gestáltica de trabalhar com grupos pode ser muito útil para o professor de orientação sexual, vou comentar aqui, baseado principalmente em minha prática psicopedagógica e nas considerações teóricas de Tellegen (1984, *passim*) e Burow (1985, *passim*), alguns pontos desse jeito de se lidar com grupos que podem ser explorados no trabalho com a sexualidade na escola. Como ponto de partida, quero salientar que nos grupos gestálticos de tipo enfocado, ou seja, grupos nos quais há um objetivo ou uma tarefa temporária a ser cumprida, como é o caso do trabalho com a orientação sexual na escola, focalizam-se especialmente as relações interpessoais entre os membros, inclusive o coordenador, pois os grupos são entendidos como "uma constelação de relações entre as pessoas, papéis, atributos, funções, normas, padrões de comunicação etc." (Tellegen, 1984, p. 74); busca-se compreender a dinâmica grupal (afetiva e funcional); faz-se uma leitura fenomenológica e transversal dos eventos. Com base nisso, pode-se levantar uma lista de funções e decisões que dizem respeito ao coordenador do grupo:

1) Encaminhar o processo grupal em direção à realização do projeto grupal básico (quem participa, como se estruturam os trabalhos, organização espacial e temporal, normas, tipo de intervenções possíveis, ou seja: o contrato grupal); quanto mais o educador tiver claro para si qual é sua tarefa principal, tanto menor o perigo de que lhe faltem critérios para suas intervenções;

2) Assegurar a identidade e clarear os jogos de poder no grupo também fazem parte do contrato, uma vez que: a gestalt-pedagogia objetiva o desenvolvimento da personalidade dos alunos (Burow, 1985, p. 122);

3) Perceber a estruturação do grupo, as defesas, as expectativas, os envolvimentos emocionais que se trazem e que se fazem no grupo, ou seja, é preciso levar em conta que: o aluno é, também na classe, uma unidade existencial de corpo-alma-mente. Consequentemente, os alunos não podem ser formados e estimulados só

intelectualmente, mas devem também ser provocados e estimulados emocional e fisicamente (Burow, 1985, p. 123);

4) Facilitar o desenvolvimento de vínculos afetivos entre os participantes e desses com o educador, pois, como já vimos, uma das premissas do trabalho com grupos em *gestalt-pedagogia* é a que lembra que: primeiro vem a relação professor-aluno, depois o tema. O contato deve primeiramente acontecer de sujeito (professor) a sujeito (aluno) e não realizado através do tema (Burow, 1985, p. 120);

5) Perceber as evitações de confrontos no grupo; perceber a cultura grupal (idealizações e projeções, principalmente) e correlacioná-la à cultura "lá fora", pois: a situação de ensino e aprendizagem deve sempre levar em conta a unidade indivíduo-meio do ser humano. Isso exige que os laços do aluno para com seu meio social devem ser considerados (Burow, 1985, p. 122);

6) Estar atento aos processos grupais, às relações interpessoais e às dinâmicas intrapessoais: Procura-se encontrar equilíbrio entre o tema (isso), o indivíduo (eu) e o grupo (nós) (Burow, 1985, p. 104);

7) Cuidar para que a formação de grupos de pertinência não ofusque a tarefa do grupo;

8) Perceber e manter limites pessoais quanto ao amor, à intimidade e à abertura pessoal de cada pessoa do grupo, educador inclusive; o trabalho gestalt-pedagógico exige autenticidade e espontaneidade do professor: na gestalt-pedagogia, o papel específico do educador é entendido como de uma participação ativa e pessoal, próxima e, ao mesmo tempo, abstinente no que diz respeito a necessidades pessoais de poder ou de gratificação;

9) Cuidar para evitar as confluências fantasiosas ou forçadas; trabalhar as fronteiras indivíduo-grupo; quanto mais complexa a tarefa, mais difícil se torna o discernimento das prioridades e mais importante fica a flexibilidade do educador e sua capacidade de intervenção no momento oportuno e de forma adequada;

10) Considerar a relação educador-participantes, principalmente

no que diz respeito ao poder (cuidar da transferência): Exacerbar o papel da autoridade ou, por outro lado, camuflá-lo, são dois tipos de erros, ambos igualmente prejudiciais para o grupo (Tellegen, 1984, p. 120);

11) Trabalhar cuidadosamente o fenômeno do bode expiatório (pessoas ou subgrupos que realizam a função de serem depositários de questões de outras pessoas do grupo);

12) Ter uma postura que tenha ritmo entre a distância e a neutralidade, por um lado, e a atitude de primus inter pares, por outro;

13) Considerar sempre a autorregulação de cada participante (inclusive a do educador) e a do grupo;

14) Trabalhar os finais no grupo e o final do grupo;

15) Não perder de vista a finalidade do grupo, além de ser o guardião e o intérprete da história do grupo.

Apoiada em Meltzer, a *gestalt-pedagogia* salienta que essas atitudes e decisões do professor de orientação sexual na escola devem se fundamentar em três pontos básicos ao levar em conta o aspecto emocional no processo de aprendizagem:

1) É preciso transmitir à criança (ao jovem) o sentimento de que pertence, de que faz parte;

2) A dignidade da criança ou do jovem deve ser preservada; é preciso transmitir-lhes o sentido de equivalência;

3) A coragem e autoconfiança da criança e do jovem devem também ser preservadas ou, se for o caso, restabelecidas. (Burow, 1985, p. 109)

Há outra questão básica na atitude do professor de orientação sexual na escola: trata-se da necessária confiança e intimidade que o tema da sexualidade pede como imprescindível companhia. Falar sobre sexualidade – mais ainda: falar sobre si enquanto ser sexual – exige um clima de intimidade e, talvez, até além disso, um clima de cumplicidade. Cumplicidade e respeito, intimidade, confiança mútua, coisas difíceis de se conseguir em sala de aula.

Quando digo cumplicidade, não quero me referir a uma ausência de crítica ou a um *laissez-faire* na sala de aula. Refiro-me a uma atitude por parte do professor que garante ao aluno a sensação e o sentimento de que há por parte do professor uma autoridade e uma continência que garantem para o aluno o suporte necessário que lhe propicie explorar suas dúvidas, questionar seus saberes, expor seus não saberes e seus possíveis embaraços sem se sentir constrangido ou intimidado. Além disso, se o professor consegue criar esse clima com qualidade de cumplicidade, todo o grupo tende a vivenciar (e a proporcionar a cada participante) o conforto necessário para conhecer melhor e mais cuidadosamente a sexualidade humana.

Quando digo respeito, de forma alguma estou me referindo a temor, medo. Não penso que respeito tenha a ver com uma vigilância externa, mas antes que deve ser um cuidado interno em relação ao outro e a si mesmo, de forma a permitir as diferenças e semelhanças, fugindo da tentação da imposição da disciplina e da ordem, que é a forma mais comum em nossas escolas de entender a palavra "respeito".

Quando digo intimidade, não quero me referir a falta de privacidade, pelo contrário. A intimidade não nos é dada em nenhuma relação, pois ela é uma construção que se faz entre pessoas. Como toda construção, ela tem limites e exige tempo para se estabelecer. Não se pode, repito e enfatizo, confundir-se a intimidade com a falta de privacidade, pois mesmo na relação mais íntima as pessoas têm aspectos que não se revelam. A intimidade se alicerça na confiança, em que o outro possa me acolher e me resguardar, em que eu possa ser acolhido sem me expor temerariamente, de que cada pessoa tem o direito de ter segredos e silêncios.

Intimidade, confiança, respeito, cumplicidade, são condições necessárias, embora ainda não suficientes, para que possa haver a orientação sexual. No trabalho com a orientação sexual na escola um dos pontos mais importantes da conduta do professor diz respeito à necessária empatia. O adolescente que está diante do professor na escola tem suas características pessoais, suas idiossincrasias, sua própria circunstância especial a exigir do professor uma imensa capacidade de intra habitá-lo para que ele se sinta respeitado e seja motivado.

Gosto de frisar a questão da empatia, pois a mim ela me parece essencial. Porque envolve a comunicação não verbal, porque ela permite espaço para a emoção na aprendizagem, pois permite realmente ouvir o outro, porque ela coloca em seu verdadeiro lugar a importância da relação professor-aluno no processo de ensino-aprendizagem, a empatia é ferramenta mestra no lidar com as questões da sexualidade humana.

O professor de orientação sexual, assim como os bons professores, deve ter sua adolescência perto de si, qualquer que seja sua idade cronológica. Isso facilitará para que ele possa intra habitar seus alunos, atitude fundamental para compreendê-los e motivá-los.

Isso não quer dizer que não seja inquietador dar aulas de orientação sexual. É, e muito. É difícil, dá medo, envolve muita responsabilidade, muita consciência social, política e requer muita coragem. Coragem para desafiar tabus, para discutir temas polêmicos, para não ser dono da verdade, para reconhecer e, às vezes, até assinalar muito cuidadosamente frente aos alunos suas (do professor) próprias limitações e angústias, derivadas da inquietante condição humana.

Certa vez, quando comecei meu trabalho como orientador sexual, fui pedir sugestões e conselhos a uma colega que tinha muita experiência e reputação na área. Conversávamos, e eu falava do que estava vivendo no trabalho, quando, bruscamente, ela me interrompeu e perguntou: "Ênio, você está com medo, não está?". Respondi-lhe que sim, e já me preparava para encontrar justificativas para meu estado, quando ela retrucou: "Que bom! O primeiro passo para a gente fazer bem feito esse trabalho é ter medo. Se a gente vai muito seguro, ou está louco ou vai fazer besteira. Em nossa cultura, lidar com sexualidade é muito delicado, requer mais que prudência, requer medo mesmo". Continuamos depois uma conversa muito positiva para mim, da qual essa lição ficou marcante.

Mais tarde, vi em Marta Suplicy a confirmação do que aprendera com Lídia Aratangy: "Nada do que é novo, e principalmente que toca em emoções tão profundas como as desencadeadas com a sexualidade, tira-se de letra" (Suplicy, 1998, p. 53).

Há um pré-requisito, a meu ver, essencial para que uma pessoa se torne um professor de orientação sexual: que tenha boa capacidade de amar. A capacidade de amor vai dar suporte para que o professor enfrente obstáculos às vezes difíceis, que exigirão paciência, um olhar para pequeníssimas superações de obstáculos, uma grande capacidade de tolerância às frustrações e uma crença inabalável no potencial de crescimento presente em cada um de seus alunos. Sem amor, sem amar, não creio que uma pessoa possa ter suporte para ser professor de orientação sexual.

Não devemos nos esquecer, no entanto, da qualificação pessoal do orientador sexual: deve ser uma pessoa que tenha sua sexualidade trabalhada internamente da melhor forma possível, para que, através de suas atitudes e de seus comportamentos, possa levar para os jovens a noção de que sexo é uma coisa natural e prazerosa, que exige responsabilidade porque pode provocar concepção e até decepção, que tem que ser vivido de maneira cuidadosa, pois exige autorrespeito e respeito ao outro. Porque a estrada que nos leva a conhecer o mundo em que vivemos e que nos possibilita exercer influência sobre ele começa em nós mesmos, em nossos corpos, em nossa sexualidade, em nossa identidade.

Reitero: o orientador sexual deve ser capaz de, com autoridade e sem autoritarismos, criar um clima de confiança e liberdade com os jovens, de abrir espaço para debates e de propiciar descobertas. Assim, ele estará atuando preventivamente, grande preocupação de todo educador. Mais que saber dar aulas, o professor deverá saber facilitar diálogos: sobre sexualidade não se ensina, se dialoga.

Não são poucas as exigências a que está sujeita aquela pessoa que se propõe a ser professor de orientação sexual na escola. Quer seja nos PCNs, quer seja na maioria dos livros teóricos que pude pesquisar, há dados suficientes sobre as exigências feitas ao professor no que diz respeito a sua postura junto aos alunos e ao tema. No entanto, há muito pouco material aludindo sobre o tema com esse professor, que formará sua base de informações e de conhecimento, de maneira que possa ser mais útil para seus alunos. Fruto de temática multidisciplinar, o trabalho de orientação sexual, recebe contribuições de diferentes áreas do conhecimento, como: educação, medicina, história, sociologia, antropologia, psicologia, política, economia, teologia e tantas outras, de forma que o professor de orientação sexual deve fazer estudos sobre a interface da sexualidade com o conhecimento gerado por uma série de ciências que tratam de compreender o ser humano enquanto *ser no mundo*.

Desses conhecimentos, um dos que tem sido menos estudado é o que nos aproxima do tema central deste livro: alguns dos pontos de encontro entre a orientação sexual e a religião. Assim é que as regras religiosas que incidiram e incidem sobre a sexualidade humana, as repercussões disso no trabalho de orientação sexual na escola, dentre outros assuntos vizinhos, foram objeto de reflexões neste livro, na esperança de que essas reflexões possam ser germinantes para a reflexão de outros educadores.

CONSIDERAÇÕES FINAIS

*Compreender é também aprender a
reaprender incessantemente.*

Edgar Morin

O trabalho de orientação sexual é relativamente novo e ainda carente de uma melhor aproximação científica, que lhe dê respaldo teórico e maior tranquilidade aos educadores que se ocupam dessa atividade. Nos últimos anos tem-se ampliado a atenção para os aspectos teóricos da orientação sexual, com estudos sendo realizados em diversos pontos do Brasil, a maioria deles baseada em práticas que se desenvolvem a princípio intuitivamente e que depois exigem delimitações mais claras oferecidas pela racionalidade científica. A colocação pelos PCNs da orientação sexual como matéria obrigatória incentiva de maneira auspiciosa a execução de trabalhos científicos sobre o tema. No entanto, há uma área da orientação sexual que permanece como que envolta em tabu: as influências que ela sofre da religião e também exerce sobre essa. Procurando-se nos livros mais conhecidos (e mesmo nos PCNs), o que se encontra é, no máximo, a recomendação de que, se o aluno se recusar a participar das aulas alegando motivos religiosos, ele deve ser respeitado. Muito pouco para uma intersecção tão grande.

Foi a constatação da necessidade de que se rompesse esse silêncio que me fez começar esse estudo. Se a ligação entre a sexualidade humana e a religião é tão antiga quanto a hominização, o que justificaria o silêncio sobre os aspectos religiosos que fazem interface com a orientação sexual? Seria possível fazer-se um trabalho de orientação sexual na escola sem tocar em temas caros às moralidades religiosas? Como é possível debater sobre a educação sexual sem tocar nos temas moralizados pelas religiões se a moral religiosa sexual ainda é tão comum em nossa sociedade ocidental — notadamente na sociedade brasileira? Incomodado por essas questões, lancei-me a pesquisar e não foi sem um certo espanto que encontrei em alguns autores, dentre eles muitos renomados, a ilusão de que se poderia discutir a sexualidade humana sem se tocar em questões morais, sem que haja contato com valores profundamente arraigados em nossa cultura, como se fosse possível uma aproximação apenas higiênica, cientificamente "esterilizada", que tocasse apenas em temas ligados à saúde e à qualidade de vida, sem passar por valores pertinentes à religião.

Em outros autores encontrei o reconhecimento da impossibilidade de se estudar a sexualidade humana sem haver contato com as fronteiras religiosas dessa sexualidade. Mas a maioria desses autores olhava apenas sob um determinado ângulo para o encontro entre a religião e a sexualidade humana, o ângulo da repressão exercida pela religião. Para esses autores, religião e repressão sexual são praticamente sinônimos. Com efeito, se olharmos a história do Ocidente, facilmente encontraremos a religião exercendo um papel repressor sobre a sexualidade. Não uma ou outra religião, mas a religião de uma forma geral tem legislado de maneira rigorosa sobre a vida humana ocidental em grande parte através da sexualidade. Não poderia ser diferente: a cultura ocidental se apoia na sexualidade, principalmente nas relações de gênero, para determinar as cooperações sociais. Principalmente depois do advento do patriarcado, ser homem ou ser mulher faz uma imensa diferença em termos de possibilidades de realização em meio à sociedade ocidental, essa mesma sociedade que, desde os seus primórdios, teve e tem na religião pelo menos uma das mais importantes e poderosas ferramentas de aglutinação e de moralização. Essa ferramenta foi excessivamente severa em grande parte da história ocidental, trazendo geralmente limites por demais estreitos para a vivência da sexualidade humana. A maior parte, se não o todo dos livros sobre a sexualidade humana, enfatiza esse aspecto da interface entre a religião e a sexualidade praticamente como se ele fosse o único. O reflexo disso na orientação sexual é, por um lado, a tentativa de se negar a importância dessa interface, como já comentei, ou, por outro lado, o aprisionamento do olhar apenas nos aspectos repressivos dessa interface.

Não acreditei que essas fossem as únicas possibilidades de se analisar essa interface, de maneira que lancei a hipótese de que haveria um encontro não confessado entre a orientação sexual na escola e a religião, e busquei iluminar esse encontro. Meu propósito com esse estudo era e é o de demonstrar a existência desse encontro, quiçá podendo também clarear a sua importância. Alguns cuidados que tomei na confecção da pesquisa foram fundamentais para determinar a qualidade científica dos materiais encontrados. Quero agora destacar dois deles.

Penso que foi fundamental, para a conclusão deste livro, que ele viesse da área das ciências da religião e não da educação ou da psicologia: não tivesse eu mergulhado no estudo do universo religioso, não conseguiria limpar meus olhos das lentes do preconceito contra a religião, lentes que tão cuidadosamente implantei diante de meu olhar através de anos de ceticismo científico. Em outros termos, quero dizer que esse estudo não poderia ser feito a partir de um olhar que vê a religião quase que como um defeito humano, um mecanismo de defesa contra o mal-estar da civilização. Foi preciso que eu alcançasse a humildade do cientista que duvida até de suas dúvidas para que eu pudesse ver a religião como ela de fato é: um direito humano. Um inalienável direito humano. Um respeitável direito humano.

A partir desse cuidado, outro cuidado também essencial se impôs: olhar para o *iceberg* sabendo que ele não é apenas o que se mostra sobre a superfície. No caso, olhar para o encontro entre a religião e a sexualidade humana sabendo que ele não se dá apenas através da repressão e que não se constitui somente de "nãos". As margens de um rio não são imutáveis e nem determinam a velocidade com que as águas correm, mas sem elas o rio se perderia na paisagem.

Para verificar o encontro entre a orientação sexual e a religião busquei estabelecer uma conversa com alguns dos mais influentes educadores brasileiros da área da sexualidade humana, a fim de verificar como eles dialogavam com a religião. Percebi inúmeras conversas não explícitas, diversas interlocuções que se davam sem nem mesmo saber que se davam. Alguns diálogos duros, outros rancorosos, outros ainda irônicos, alguns respeitosos. Principalmente, percebi que há uma lacuna: os estudiosos da sexualidade humana estudaram pouco a religião humana.

Nessa área dos estudos sobre a sexualidade humana, em que se queixa tanto de prejulgamentos, área em que se reputa à religião a gênese de tanta intolerância, encontrei preconceitos. A maioria dos estudiosos da sexualidade humana vê apenas um lado da interface entre a religião e a sexualidade, exatamente seu lado mais cruel, aquele que se mostra mais fácil e veemente. Um aspecto que se mostra explicitamente, mas tão explicitamente, que causa estranheza não provocar estranhamento. Como foi possível não se perceber que há um lado luminoso que também merece ser observado atentamente? Provavelmente uma das possíveis explicações para esse lapso está no fato de os estudos científicos sobre a sexualidade humana serem ainda muito recentes se levarmos em conta a dimensão histórica da cultura ocidental. Além disso, não se pode deixar de considerar que para que se pudesse relativizar a regulação religiosa sobre a sexualidade, tornou-se obrigatório um certo "exagero nas cores" dessa mesma regulação – não raro precisamos ampliar o contraste para perceber melhor as imagens. Esse procedimento, no entanto, provocou uma lacuna para os estudiosos da sexualidade, como se o aumento do contraste tivesse obscurecido uma parte da imagem ao mesmo tempo que realçava a outra.

Também com a finalidade de começar a preencher essa lacuna, mas principalmente com a intenção de demonstrar que ela é um vazio extremamente fértil, passei meu olhar e minhas reflexões pela história da cultura humana como maneira de chamar a atenção para a parte escondida do *iceberg*. Mostrei as regras matriarcais, a ordem cosmológica que iniciou a religião e a sexualidade humanas. Procurei deixar claro que mesmo no matriarcado há regras incidentes sobre a sexualidade humana, regras sem as quais nenhuma organização social ampla é possível. Para que possa haver vida social, o desejo sexual exige ser regulamentado. Apontei, respeitando os limites desse trabalho, a necessidade e a possibilidade de transformação das atuais regras que incidem sobre a sexualidade humana, a fim de deixar bem claro que, nesse campo, como no da religião, não há regras imutáveis ou não históricas. Realcei a importante disponibilidade que se encontra hoje na sociedade ocidental, no Brasil, inclusive, para a discussão e reordenação da sexualidade, para a transformação da intimidade.

A importância dos símbolos nas áreas da sexualidade humana e da religião foi necessário que eu comentasse — mesmo premido por limitações de tempo e espaço —, como esse aspecto tão estruturante da sexualidade tem andado ausente das reflexões teóricas. Meu apelo foi e é no sentido de que possamos nos redescobrir enquanto seres simbólicos, pois ao perdermos os símbolos perdemos também a arte e colocamos em risco nossa mais tenra humanidade. Além disso, uma sociedade cujos membros não têm passagens simbólicas valorizadas, consciente e coletivamente, tende a ser uma sociedade de indivíduos banais, vivendo vidas banais e se relacionando cada vez mais banalmente.

Assim como os indivíduos, que à medida que amadurecem ampliam sua capacidade de abstração e, por consequência, de simbolização, também deveria ser a cultura, mas parece que não é o que está acontecendo com a cultura ocidental, pelo menos no que diz respeito à sexualidade. A excessiva biologização que encontramos nos estudos sobre a sexualidade humana parece ser uma concretização exagerada dos fatos observados pelos estudiosos. De alguma maneira, me parece que a ciência ainda não se deu conta de que o símbolo é algo que está para além do fato concreto, mas que não desfaz desse mesmo fato concreto. Enquanto estudiosos da sexualidade humana, não percebemos que o falo é *também* um pênis ereto, que uma menstruação pode proporcionar para uma mulher a diferenciação entre ser fêmea e ser feminina. Nesse ponto acredito que a religião tem muito a oferecer à orientação sexual, dado que o simbólico é, por excelência, o terreno do religioso. Se olhados simbolicamente, alguns preconceitos podem passar a ser vistos com outro significado, facilitando uma compreensão mais ampliada e uma melhor aceitação de algumas características da sexualidade humana. Por exemplo, dentro desse olhar dialético é correto dizer que é possível a uma pessoa ser virgem a cada nova relação amorosa, ainda que concretamente essa pessoa já tenha experimentado relações sexuais. Na verdade, talvez o terreno do simbólico seja o lugar onde religião e orientação sexual mais podem mutuamente se influenciar, dado que em alguns momentos a visão religiosa perde de vista o fato concreto e exagera no valor do símbolo como, por exemplo, quando apoia a virtude de uma mulher em uma membrana tão frágil como o hímen.

Dentro dos limites desse estudo, discuti a secularização e sua influência no trabalho de orientação sexual na escola, não deixando de levantar que ela, a secularização, não é um desencantamento do todo da vida nem do todo da sexualidade. De novo aqui me apoiei em um olhar histórico que facilitou a compreensão do momento atual e da divisão da regulação da sexualidade entre a religião e as ciências modernas. Impressionou-me a percepção de que, de certa forma, a própria religião vem dando asas ao processo de secularização. Penso que o crescer, o desenvolver, quer seja em escala *onto* ou filogenética, traz sempre o dilema sobre o quanto de segurança que se pode abdicar. Se a secularização que se inicia com o antigo Israel nos mostra inseguranças, antes sequer suspeitadas, também é ela que nos conscientiza melhor de nossa condição humana, o que, dentre muitas outras coisas, pode abrir espaço para uma maior solidariedade entre os seres humanos, a mercê de nos percebermos intrinsecamente necessitados de outros que sejam significativos. Além disso, as portas para o amor, para as relações amorosas, têm na condição humana as mais perfeitas chaves. Ou, em outras palavras, somente a partir da percepção do próprio desamparo e da própria solidão é que o ser humano pode se entregar amorosamente para outro ser humano. Um dos caminhos para essa entrega é a sexualidade.

Na orientação sexual é importante que se note que a diferenciação, a racionalização e a mundanidade, trazidas pelo longo processo de secularização a que ainda estamos sujeitados, não nos retira de todo a religiosidade, mas nos permite discutir, preferencialmente sem receio, as questões morais e religiosas que se referem à sexualidade, de tal forma que possamos manter a esperança de alcançar, algum dia, uma moral sexual mais democrática, mais fruto de discussões sociais e menos outorgada do que ainda é hoje. Uma moral sexual democrática e *coletiva*, pois sem o mínimo de normas comuns nós, seres humanos, corremos imenso risco de vir a sofrer por falta de espaço para que a empatia se manifeste.

Mais do que tudo isso, no entanto, nesse estudo, o que verdadeiramente me aprouve foi poder lançar reflexões sobre o trabalho com a sexualidade humana no Brasil. Acredito que quanto mais investigarmos e discutirmos nossas peculiaridades, vale dizer, nossa identidade, tanto mais poderemos nos desenvolver no sentido de construirmos uma sociedade mais solidária e mais rica.

Não é sem razão que se reclama por mais trabalhos brasileiros sobre a sexualidade dos brasileiros. A peculiar alma brasileira, a peculiar sexualidade brasileira, a peculiar identidade brasileira são temas que precisam frequentar com cada vez maior assiduidade os meios científicos brasileiros. Esse imenso e erótico país precisa se conhecer melhor para ser mais acolhedor e ser um solo mais fértil para cada um de seus habitantes. Conhecer-se mais implica em reconhecer as particularidades da religiosidade brasileira, fruto da maneira como essa terra foi colonizada. Uma religiosidade marcada profundamente por um sincretismo persistente, por uma certa perda de poder das instituições religiosas, por um sagrado, de certa maneira, privatizado e expandido. Essa religiosidade, fruto de integração de culturas diversas e convergentes, possibilita uma maneira peculiarmente brasileira de exercício da sexualidade e, por extensão, de trabalho em orientação sexual na escola.

Este livro, que agora finalizo, lança fundamentalmente uma semente, e espero que frutifique. É a semente da possibilidade de um diálogo mais franco, menos ressentido e mais humilde entre a religião e a orientação sexual.

Quando comparei a trajetória dos teóricos da sexualidade humana no Brasil com a adolescência, quis fundamentalmente chamar a atenção para o fato de que já há maturidade para um encontro mais criativo e mais íntimo entre a orientação sexual e a religião. Quis também ressaltar que esse encontro já vem acontecendo, embora não seja de todo fácil, como não é fácil nenhum encontro que seja potencialmente transformador. Quando levanto a ideia de que esse encontro se dá baseado em um ajustamento criativo, quero dizer que ele é uma troca, de influências e de pontos de vista, um encontro que pode se colocar a serviço do ser humano, a serviço da construção de um mundo mais justo e mais amoroso.

Depois de séculos de rígida regulação da sexualidade pela religião, assistimos, principalmente a partir da segunda metade do século XX, embora com começo bastante anterior, a um certo descolamento entre a moral sexual e a religião. Esse descolamento, à semelhança do descolamento do adolescente da moral familiar paterna, não pode ser completo e nem pode se iniciar sem conflitos. O eu, se forma a princípio, da constatação do "não eu", para depois poder alcançar alguns "eu sou". O caminho da construção de nossos valores morais é semelhante ao caminho da construção de nossa identidade – o adolescente parte da negação de alguns valores familiares para construir seus próprios valores, dentre os quais acabam figurando muitos dos valores familiares. Além disso, o adolescente, ao descobrir seus próprios valores, acaba por modificar alguns valores da família de origem. Entendo que o processo de contato entre os estudiosos da sexualidade humana e a religião é nesse momento em muito semelhante à trajetória adolescente, e acredito que é chegada a hora de se reconhecer que há alguns valores familiares – no nosso caso, religiosos

— que valem a pena ser assumidos explicitamente. E também é a hora de se reconhecer que é possível influenciar e modificar alguns valores religiosos que já não atendem às conquistas e ao conhecimento alcançados pelo ser humano até esse momento da civilização ocidental.

Acredito que, assim como os pais são importantes na formação de seus filhos, também os filhos são importantes na formação de seus pais. Ser pai ou ser mãe é uma construção que se dá ao longo da relação com os filhos, relação de mútua transformação. O contato entre a religião e a ciência me parece em muito semelhante a esse processo: basta nos lembrarmos que a religião nasceu entre os seres humanos a partir de uma necessidade de compreensão do mundo para percebermos onde está a matriz da ciência de nossos dias. Ciência e religião são diferentes, empregam métodos e seguem caminhos diferentes, mas quanto têm para conversar! No campo da sexualidade humana e da orientação sexual na escola, acredito mais do que nunca que esse diálogo deva ser incentivado. Minha intenção ao escrever este livro foi participar do incremento desse diálogo entre a orientação sexual e a religião. Tenho muita esperança de que o resultado que alcancei seja útil socialmente.

Parafraseando João Paulo II, termino desvelando minha esperança de que a orientação sexual na escola possa purificar a religião do erro e da superstição, e que a religião possa purificar a orientação sexual na escola da idolatria e do falso absolutismo. Que ambas, orientação sexual e religião, possam ser agentes de facilitação para que a sexualidade humana seja fonte de alegrias e de prazeres, de responsabilidades e de autoconhecimento, possa ser fundamento de capacidade de comprometimento. Que a sexualidade humana não seja impedida de ser fonte de encontros criativos e amorosos, quiçá alguns deles sagrados.

REFERÊNCIAS BIBLIOGRÁFICAS E WEBGRAFIA

ABERASTURY, Arminda; KNOBEL, Maurício. *Adolescência normal.* Porto Alegre: Artes Médicas, 1981.

ALVES, Rubem. *O que é religião?* São Paulo: Círculo do Livro, 1989.

_____. *O suspiro dos oprimidos.* São Paulo: Paulus, 1997.

_____. *Caro Senhor Ministro da Educação.* Folha de São Paulo, São Paulo, 27/05/1998, pp. 1-3.

_____. *E aí? Cartas aos adolescentes e a seus pais.* São Paulo: Papirus, 4ª edição, 1999.

ANJOS, Márcio Fabri dos; SOUZA, Lúcia Ribeiro de. Sexualidade e fé cristã, em: BEOZZO. J.O. (org.). *Curso de Verão: ano V.* São Paulo: Paulinas, 1991.

ARATANGY, Lídia Rosenberg. *O sexo é um sucesso.* São Paulo: Ática, 1989.

_____. *Sexualidade, a difícil arte do encontro.* São Paulo: Ática, 1995.

ARAÚJO, Maria Luiza Macedo de. Aspectos psicossociais da sexualidade do adolescente, em: RIBEIRO, Marcos(org.). *Educação sexual.* Rio de Janeiro: Rosa dos Tempos, 1993.

_____. *Sexo e moralidade: o prazer como transgressão no pensamento católico.* Londrina, PR: UEL, 1997.

ASSMAN, Hugo; SUNG, Jung Mo. *Competência e sensibilidade solidária – Educar para a esperança.* Petrópolis-RJ: Vozes, 2000.

AZZI, Riolando. *Razão e fé – O discurso da dominação colonial.* São Paulo: Paulinas, 2001.

BACH, J.M. *Consciência e identidade moral.* Petrópolis-RJ: Vozes, 1985.

BARROSO, Carmen; BRUSCHINI, Cecília. *Sexo e juventude.* São Paulo: Cortez, 1989.

BAUMAN, Zygmunt. *O mal-estar da pós-modernidade.* Rio de Janeiro: Jorge Zahar Editor, s/d.

BERNARDI, Marcelo. *A deseducação sexual.* São Paulo: Summus, 1985.

BOFF, Leonardo. *A águia e a galinha – Uma metáfora da condição humana.* Petrópolis-RJ: Vozes, 1997.

BRANDÃO, J. de Souza. *Mitologia grega,* volume II. Petrópolis-RJ: Vozes, 4ª edição, 1991.

BRASIL, Ministério da Educação e Cultura, Secretaria de Educação Fundamental. *Parâmetros Curriculares Nacionais – Terceiro e quarto ciclos: Apresentação dos Temas Transversais.* Brasília: MEC/SEF, 1998. Disponível em: <www.sinepe-sc.org.br/5a8tt.htm#TTOri>. Acesso em: março de 2001.

BRITO, Ênio José da Costa; GORGULHO, Gilberto da S. (org). *Religião ano 2000.* São Paulo: Loyola, 1998.

BUROW, Olaf-axel; SCHERPP, Karlheinz. *Gestalt-pedagogia: Um caminho para a escola e a educação.* São Paulo: Summus, 1985.

BYINGTON, Carlos. *Desenvolvimento da personalidade – Símbolos e arquétipos.* São Paulo: Ática, 1987.

CABRAL, Juçara Teresinha. *A sexualidade no mundo ocidental.* Campinas-SP: Papirus, 1995.

CASSIRER, Ernest. *Ensaio sobre o homem*. São Paulo: Martins Fontes, 1994.

CASTELLS, Manuel. *A sociedade em rede,* volume I. São Paulo: Paz e Terra, 1999.

CERIS – Centro de Estatística Religiosa e Investigação Social. *Tendências atuais do catolicismo no Brasil*. Rio de Janeiro, 2000. Disponível em: <www.ceris.org.br>. Acesso em: abril de 2002.

CHAUI, Marilena. *Repressão sexual*. São Paulo: Círculo do Livro, 1990.

_____. *Convite à filosofia*. São Paulo: Editora Ática, 1994.

COMBLIN, José. *O tempo da ação*. Petrópolis-RJ: Vozes, 1982.

COSENTINO, Édson N. Urizar. *Para educar é preciso pensar*. São Paulo: Organon, 2000.

COSTA, Jurandir Freire. *Ordem médica e norma familiar*. Rio de Janeiro: Edições Graal, 1979.

COSTA, Moacir. *Sexualidade na adolescência*. Porto Alegre: L&PM, 5ª edição, 1986.

_____. *Sexualidade na adolescência*. Porto Alegre: L&PM, 10ª edição, 1995.

CUPITT, Don. *Depois de Deus – O futuro da religião*. Rio de Janeiro: Rocco, 1999.

DIAS, Lucy; GAMBINI, Roberto. *Outros 500: Uma conversa sobre a alma brasileira*. São Paulo: SENAC, 1999.

DIAS, Maria de Fátima. *A homossexualidade em Winnicott: Uma visão da homossexualidade à luz da teoria do desenvolvimento humano*. Dissertação de Mestrado. São Paulo: PUC/SP, 1998.

DONHA, Marcos Cezar. *O arquétipo do pai na cultura patriarcal: Um estudo sobre a relação pai-filho e seus reflexos na subjetividade do homem atual.* Dissertação de Mestrado. São Paulo: PUC/SP, 1998.

DROOGERS, André. A Religiosidade Mínima Brasileira, em: *Religião e sociedade,* 14/2, ISER/CER, 1987.

EGYPTO, Antonio Carlos; SAYÃO, Yara. *Parâmetros Curriculares Nacionais – Orientação sexual (versão preliminar para discussão nacional).* Brasília: Ministério da Educação e do Desporto – Secretaria de Educação Fundamental, 1997.

ELIADE, Mircea. *La Nostalgie des Origines – Méthodologie et Histoire des Religions.* Paris: Éditions Gallimard, 1971.

_____. *Tratado de história das religiões.* São Paulo: Martins Fontes, 1998.

_____. *Aspects du Mythe.* Paris: Éditions Gallimard, 1963.

EVOLA, Julius. *A metafísica do sexo.* Lisboa: Edições Afrodite, 1976.

FERREIRA, Aurélio Buarque de Holanda. *Novo Dicionário da Língua Portuguesa.* Rio de Janeiro: Nova Fronteira, s/d. 1ª edição, 14ª reimpressão.

FIGUEIREDO, Cândido. *Novo Dicionário da Língua Portuguesa,* vol. II. Lisboa: Sociedade Editora Arthur Brandão e Cia., 4ª edição, 1925.

FOLHA DE SÃO PAULO. São Paulo, 12/08/2001. Caderno Cotidiano, p. C 4.

_____. São Paulo, 30/01/2002. Caderno Mundo, p. A 11.

FOUCAULT, Michel. *História da sexualidade I: A vontade de saber.* Rio de Janeiro: Graal, 1977.

FREIRE, Madalena. O sentido dramático da aprendizagem, em: GROSSI, Ester Pillar e BORDIN, J. (org.). *Paixão de aprender.* Petrópolis-RJ: Vozes, 1992.

FREUD, Sigmund. *Três ensaios sobre teoria sexual.* Madrid: Alianza Editorial, 1995.

_____. *Obras completas – Moisés e o monoteísmo.* Madri: Biblioteca Nueva, 1973.

GIDDENS, Anthony. *A transformação da intimidade.* São Paulo: UNESP, 4ª reimpressão, 1993.

GIRARD, René. *A violência e o sagrado.* São Paulo: UNESP, 1990.

_____. *El Misterio de Nuestro Mundo – Claves para una Interpretación Antropológica.* Salamanca: Ediciones Sígueme, 1982.

GATTI, Guido. *Moral sexual – Educação ao amor.* São Paulo: Salesiana Dom Bosco, 1985.

GREGERSEN, Edgard. *Práticas sexuais – a história da sexualidade humana.* São Paulo: Livraria Roca, 1983.

GROSSI, Ester Pillar; BORDIN, J. (org.). *Paixão de aprender.* Petrópolis-RJ: Vozes, 1992.

HEILBORN, Maria Luiza (org.). *Sexualidade: o olhar das ciências sociais.* Rio de Janeiro: Jorge Zahar Editor, 1999.

HELLER, Agnes. *O cotidiano e a história.* Rio de Janeiro: Paz e Terra, 1985.

HIGHWATER, Jamake. *Mito e sexualidade.* São Paulo: Saraiva, 1992.

HILLMAN, James. *Uma busca interior em psicologia e religião.* São Paulo: Paulus, 1984.

HINKERLAMMERT, Franz J. *Sacrifícios humanos e sociedade ocidental: Lúcifer e a Besta*. São Paulo: Paulus, 1995.

HOPCKE, Robert H. *Jung, os junguianos e a homossexualidade*. São Paulo: Siciliano, 1993.

HOUAISS, Antônio; VILLAR, Mauro de Salles. *Dicionário Houaiss da Língua Portuguesa*. Rio de Janeiro: Objetiva, 1ª edição, 2001.

HOUTART, François. *Sociologia da religião*. São Paulo: Ática, 1994.

HUNT, Lynn. *A invenção da pornografia*. São Paulo: Hedra, 1999.

JUNG, Carl G. *Psicologia do inconsciente*. Petrópolis-RJ: Vozes, 9ª edição, 1987.

_____. *O eu e o inconsciente*. Petrópolis-RJ: Vozes, 10ª edição, 1987.

_____. *O homem e seus símbolos*. Rio de janeiro: Nova Fronteira, s/d, 2ª edição.

KAMII, C. *A criança e o número*. São Paulo: Papirus, 1985.

LACELLE, Elisabeth J. *As ciências religiosas feministas: estado da questão*. Disponível em: <www.pucsp.br/rever>. Acesso em: abril de 2002.

LASCH, Christopher. *A cultura do narcisismo*. Rio de Janeiro: Imago, 1983.

LEERS, Bernardino; TRASFERETTI, José. *Homossexuais e ética cristã*. Campinas-SP: Átomo, 2002.

LIMA, Alberto Pereira Filho. *Brincadeiras selvagens: Problema nosso*. São Paulo: Oficina de Textos, 1997.

LOFFREDO, Ana Maria. *A cara e o rosto – Ensaio sobre a gestalt-terapia*. São Paulo: Editora Escuta, 1994.

LOPES, Gerson. *Patologia e terapia sexual*. Rio de Janeiro: Editora Médica e Científica Ltda., 1994.

LOWEN, Alexander. *Bioenergética*. São Paulo: Summus, 1982.

_____. *Amor e orgasmo*. São Paulo: Summus, 1988.

_____. *Narcisismo*. São Paulo: Círculo do Livro, 1989.

MAIA, Mônica Bara. O Profissional de Saúde e a Educação Sexual, em: LOPES, Gerson. *Patologia e terapia sexual*. Rio de Janeiro: Editora Médica e Científica Ltda., 1994.

Maldonado, M.T. *Comunicação entre pais e filhos: a linguagem do sentir*. Petrópolis: Vozes, 1986.

MARRAMAO, Giacomo. *Poder e secularização*. São Paulo: UNESP, 1998.

MARTELLI, Stefano. *A religião na sociedade pós-moderna*. São Paulo: Paulinas, 1995.

MARTÍNEZ, Tomás Priego; PASCUAL, Cosme Puerto. *Compreender a sexualidade – Para uma orientação integral*. São Paulo: Paulinas, 1998.

MASUZAWA, T. *In Search of Dreamtime*. Chicago: The University of Chicago, 1996

MAY, Rollo. *Liberdade e destino*. Porto Alegre: Rocco, 1987.

_____. *A procura do mito*. São Paulo: Manole, 1992.

_____. *Minha busca da beleza*. Petrópolis-RJ: Vozes, 1992.

MONESI, Angelo Almanda. Adolescência e Vivência da Sexualidade, em: RIBEIRO, Marcos (org.). *Educação sexual*. Rio de Janeiro: Rosa dos Tempos, 1993.

MONICK, Eugene. *Falo — A sagrada imagem do masculino*. São Paulo: Paulinas, 1993.

_____. *Castração e fúria masculina*. São Paulo: Paulinas, 1993.

MORIN, Edgar. *A cabeça bem feita: Repensar a reforma, reformar o pensamento*. Rio de Janeiro: Bertrand Brasil, 2000.

_____. *Os sete saberes necessários à educação do futuro*. São Paulo: Cortez. Brasília-DF: UNESCO, 2000.

_____. *As duas globalizações*. Porto Alegre: Sulina/EDIPUCRS, 2001.

MOTT, Luiz R.B. Escravidão e Homossexualidade, em: VAINFAS, Ronaldo (org.). *História e sexualidade no Brasil*. Rio de Janeiro: Graal, 1986.

NEUMANN, Erich. *A criança — Estrutura e dinâmica da personalidade em desenvolvimento desde o início de sua formação*. São Paulo: Cultrix, 1995.

_____. *História da origem da consciência*. São Paulo: Cultrix, 1995.

NORD, W.A. *Religion & American Education — Rethinking a National Dilemma*. USA: The University of North Carolina Press, 1995.

NUNES, C.A. *Desvendando a sexualidade*. Campinas-SP: Papirus, 1987.

OLIVA, Margarida. *O diabo no "Reino de Deus" — Por que proliferam as seitas?* São Paulo: Musa Editora, 1997.

ORO, Ari Pedro; STEIL, Carlos Alberto (orgs.). *Globalização e religião*. Petrópolis-RJ: Vozes, 1997.

OSÓRIO, Luís Carlos. *Adolescente hoje*. Porto Alegre: Artes Médicas, 1991.

PAIVA, José Geraldo de. *A religião dos cientistas – Uma leitura psicológica.* São Paulo: Edições Loyola, 2000.

PAIVA, Vera. *Evas, Marias, Liliths – As voltas do feminino.* São Paulo: Brasiliense, 1993.

PARKER, Richard; BARBOSA, Regina Maria (orgs.). *Sexualidades brasileiras.* Rio de Janeiro: Relume Dumará: ABIA: IMS/UERJ, 1996.

PAZ, Octávio. Ensaio: La mesa y el lecho: Charles Fourier. Disponível em: <www.memorial.org.br/revista/paz2.html>. Acesso em: março de 2001.

PERES, C.A. *Fala educadora, Fala educador!* São Paulo: Organon, 2000.

PERLS, Fritz; HEFFERLINE, Ralph; GOODMAN, Paul. *Gestalt-terapia.* São Paulo: Summus, 1997.

PIAGET, Jean; INHELDER, B. *A psicologia da criança.* Rio de Janeiro: Difel, 1978.

PINTO, Ênio Brito. *Orientação sexual na escola – A importância da psicopedagogia nessa nova realidade.* São Paulo: Gente, 1999.

_____. *Sexualidade – Um bate-papo com o psicólogo.* São Paulo: Paulinas, 2001.

_____. *Orientação sexual na escola e religião: Um encontro não confessado.* Dissertação de mestrado em Ciências da Religião. São Paulo: PUC/SP, 2002.

RIBEIRO, Lúcia. *Sexualidade e reprodução – O que os padres dizem e o que deixam de dizer.* Petrópolis-RJ: Vozes, 2001.

RIBEIRO, Marcos (org.). *Educação sexual.* Rio de Janeiro: Rosa dos Tempos, 1993.

ROBINSON, B.A. *Conflicts Related to Youth Sexuality.* Disponível em: <www.religioustolerance.org>. Acesso em: março de 2001.

RODRIGUES, José Carlos. *Tabu do corpo.* Rio de Janeiro: Achiamé, 1979.

RODRIGUES Jr.; Oswaldo Martins. Os Conflitos Sexuais na Adolescência, em: RIBEIRO, Marcos (org.). *Educação sexual.* Rio de Janeiro: Rosa dos Tempos, 1993.

ROGERS, Carl Random; ROSEMBERG, Raquel. *A pessoa como centro.* São Paulo: EPU, 1977.

_____. STEVENS, Barry. *De pessoa para pessoa.* São Paulo: Pioneira, 1977.

_____. *Sobre o poder pessoal.* São Paulo, Martins Fontes, 1978.

ROLIM, Cartoxo Francisco (org.). *A religião numa sociedade em transformação.* Petrópolis-RJ: Vozes, 1997.

SAMPAIO, Paulo. Elas estão loucas, em: *Revista da Folha,* da *Folha de São Paulo,* 03/09/2000, pp. 06-11.

SANCHIS, Pierre. O campo religioso contemporâneo no Brasil. em: ORO, Ari Pedro; STEIL, Carlos Alberto (orgs.). *Globalização e religião.* Petrópolis-RJ: Vozes, 1997.

SANTOS, Milton. *Por uma outra globalização – Do pensamento único à consciência universal.* Rio de Janeiro: Record, 2000.

SECADES, Cecília. Problematica Sexual, em: Una Poblacion Sin Pareja Estable. *Revista Latinoamericana de Sexologia,* Buenos Aires, 1995.

SENRA, Stella. O Homem Nu, em: *Folha de São Paulo,* Caderno Mais, 25/03/2001.

SEVERINO, Antônio Joaquim. *Metodologia do trabalho científico*, 21ª edição revista e ampliada, São Paulo: Cortez, 2000.

SILVA, Hélio R.S.; FLORENTINO, Cristina O. A Sociedade dos Travestis: espelhos, papéis e interpretações, em: PARKER, Richard; BARBOSA, Regina Maria (orgs.). *Sexualidades brasileiras*. Rio de Janeiro: Relume Dumará: ABIA: IMS/UERJ, 1996.

SOUZA, Laura de Mello. *O diabo e a terra de Santa Cruz*. São Paulo: Companhia das Letras, 1986.

STOLLER, Robert. *Masculinidade e feminilidade – Apresentações do gênero*. Porto Alegre: Artes Médicas, 1993.

SUNG, Jung Mo; SILVA, Josué C. *Conversando sobre ética e sociedade*. Petrópolis-RJ: Vozes, 1995.

SUNG, Jung Mo. *Teologia e economia: Repensando a teologia da libertação e utopias*. Petrópolis-RJ: Vozes, 1994.

_____. *Desejo, mercado e religião*. Petrópolis-RJ: Vozes, 1997.

SUPLICY, Marta. *Sexo para adolescentes: amor, homossexuali- dade, masturbação, virgindade, anticoncepção, Aids*. São Paulo: FTD, 1988.

_____. *Sexo para adolescentes – Orientação para educadores*. São Paulo: FTD, 1988.

_____. *Sexo para adolescentes: Amor, puberdade, masturbação, homossexualidade, anticoncepção, DST/Aids, drogas*. Ed. atualizada. São Paulo: FTD, 1998.

_____. Educação e orientação Sexual, em: RIBEIRO, Marcos (org.). *Educação sexual*. Rio de Janeiro: Rosa dos Tempos, 1993.

TELLEGEN, T.A. *Gestalt e grupos: Uma perspectiva sistêmica*. São Paulo: Summus, 1984.

TIBA, Içami. *Sexo e adolescência*. São Paulo: Ática, 5ª edição, 1991.

_____. *Adolescência: o despertar do sexo – Um guia para entender o desenvolvimento sexual e afetivo nas novas gerações*. São Paulo: Gente, 12ª edição, 1994.

UBEDA, Elza Maria L.; CARVALHO, Maria das Graças B.; GOMES, Romeu. Da sexualidade das avós a de suas netas: um estudo qualitativo em três gerações. *Revista Brasileira de Sexualidade Humana*, volume 11, n. 2, São Paulo: Iglu, 2000.

VAINFAS, Ronaldo (org.). *História e sexualidade no Brasil*. Rio de Janeiro: Graal, 1986.

VITIELLO, Nelson; RODRIGUES Jr. Oswaldo M. (orgs.). *As bases anatômicas e funcionais do exercício da sexualidade*. São Paulo: Iglu, 1997.

_____. *Quem educa o educador*. São Paulo: Iglu, 1997.

_____. *Sexualidade na adolescência – Material de apoio ao educador*. São Paulo: (sem editora) 1999.

VV.AA. *O humano, lugar do sagrado*. São Paulo: Olho D'água, 1995.

VV.AA. *Interfaces do sagrado*. São Paulo: Olho D'água, 1996.

VV.AA. *Sexo se aprende na escola*. São Paulo: Olho D'água, 3ª edição, 2000.

WEBER, Max. *Ética protestante e o espírito do capitalismo*. São Paulo: Pioneira, 11ª edição, 1996.

WINNICOTT, Donald Woods. *A família e o desenvolvimento individual*. São Paulo: Martins Fontes, 1993.

_____. *Privação e delinquência*. São Paulo: Martins Fontes, 1995.

_____. *Tudo começa em casa*. São Paulo: Martins Fontes, 1996.

Esta obra foi composta em CTcP
Capa: Supremo 250g – Miolo: Pólen Soft 80g
Impressão e acabamento
Gráfica e Editora Santuário